谁都能学会的
说服心理学

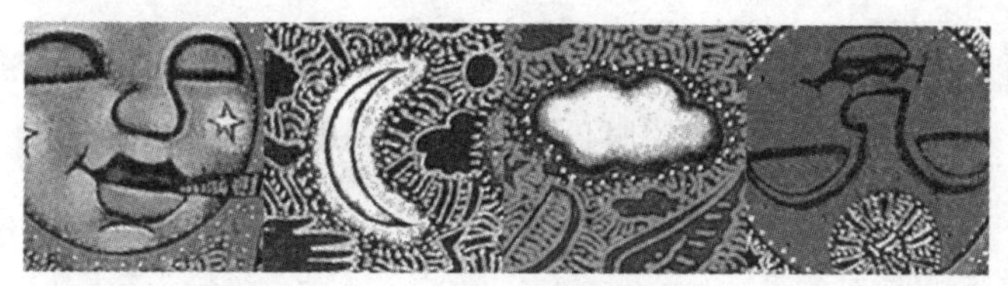

李世强◎编著

中国纺织出版社

内 容 提 要

当心被打动时，想法就会改变。说服心理学就是一种打动人心、改变对方想法的心理学技巧，也是一门语言的艺术。《谁都能学会的说服心理学》旨在帮助读者解决人际关系及商业谈判中最重要的一个环节：说服。谁能够在有限的时间中，采取最合理的方法打动对方的内心，用语言说服对方、控制周遭的一切，谁就能拥有非凡的影响力。

如果你能够说服世界，你就能够得到世界。

图书在版编目（CIP）数据

谁都能学会的说服心理学 / 李世强编著. --北京：中国纺织出版社，2015.3（2024.4重印）
ISBN 978-7-5180-1197-1

Ⅰ.①谁… Ⅱ.①李… Ⅲ.①说服—通俗读物 Ⅳ.①H019-49

中国版本图书馆CIP数据核字（2014）第256846号

策划编辑：徐丽丽　　责任印制：储志伟

中国纺织出版社出版发行
地址：北京市朝阳区百子湾东里A407号楼　邮政编码：100124
销售电话：010—67004422　传真：010—87155801
http：//www.c-textilep.com
E-mail：faxing@c-textilep.com
中国纺织出版社天猫旗舰店
官方微博http://weibo.com/2119887771
北京兰星球彩色印刷有限公司印刷　各地新华书店经销
2015年3月第1版　2024年4月第2次印刷
开本：710×1000　1/16　印张：15
字数：195千字　定价：69.80元

前言

最受欢迎和尊敬的作家之一、《一分钟推销员》的作者斯宾塞·约翰逊说：“我卖东西给别人的目的，是帮助人们得到他们想要的那种对自己和对自己所买物品的良好感觉。”由此可见，当心被打动时，想法就会改变。

说服心理学就是一种如何改变人心，改变对方想法的一门心理学科，也是一门语言的艺术。

也许有人认为，涉及心理学后，一切问题就都会很深奥难懂，其实不然，说服心理学主要是通过简浅易懂的心理学知识及生活中的一些实例来诠释现实生活中如何去打动人心、改变对方想法的一种语言艺术而已。

也许有人认为，没有口若悬河的技巧，如何能有说服他人的能力。在此，我们需要认清一个事实：所有那些能够让你终身难忘、无比震撼的，其实并非是人、语言或者是事物本身，而是它们带给你的心灵的反应和感受。从心理学的角度上来说，不论你是谁，你的口才技巧如何，你是否给对方来带足够的利益，只要你能够让对方产生心理上的反应和共鸣，你就足以拥有说服对方的资本，让对方心甘情愿地接受你的语言，为你做出改变。

19世纪美国著名黑人领袖弗里德里克·道格拉斯说：“如果我能说服别人，我就能转动整个宇宙。”从道格拉斯的话中可以看出，说服能力在社会中拥有着怎样的地位和作用。谁能够在有限的时间中，采取最合理的方法打动对方的内心，用语言控制对方、控制周遭的一切，谁就能拥有非凡的影响力。

懂得说服心理学的人绝对会是生活中、工作中、交际中最受欢迎的人。他们能够把陌生人说成他们的朋友；能激励那些消极的人重新振作、拼搏奋斗；能化干戈为玉帛；能获得更多人的支持和帮助；能掌握住自己的命运；甚至能够改变他人的人生轨迹。

如果你也想成为这样的一个人，那就好好地读懂说服心理学吧！就像道格拉斯所说的那样——说服他人，去转动整个宇宙！

李世强

2014年冬

目录

第一章　想学说服心理学，先懂人心弱点

什么是说服心理学……002
你能说服世界，就能得到世界……005
说服的核心在于直击人心……008
说服的关键是找到双方的“共情”……011
心理学让说服变成了一门技术……014
说服从控制内心开始……017
大丈夫能屈也要能伸……020
锲而不舍，金石可镂……024

第二章　想要说服你，并不是很容易的事

每个优秀的销售都是个心理专家……030
总统不是你想当就能当……034
为什么会有人捧着钱来求你收下……037
自来熟是一种天分吗……040
“教主”的话为何能引领世界……043
吸血鬼的神奇魅力……046

第三章　说服对方前，要先看透对方想说什么

语言有假，眼神是真 …… 050
听弦外之音，领悟对方真实想法 …… 054
语速当中，听出情绪的变化 …… 058
肢体会出卖一个人很多的信息 …… 062
通过表情窥探内心 …… 066

第四章　想说服他人，先要取得信任

背后夸奖比当面称赞更有效 …… 070
想要赢得信任，先得学会揽责 …… 074
重视承诺的人更具有说服力 …… 078
有权威的人说话更有说服力 …… 082
赢得尊重就会赢得信任 …… 085
懂得认输，沉默的人更具说服性 …… 088

第五章　每一个人都在等待被说服

有时被说服是种非常愉快的体验 …… 094
“愉悦”是一种说服催化剂 …… 097
喜欢被说服，因为听到自己所爱 …… 100
想说服，就要让听者感到舒服 …… 103
说服变得可口，谁都喜欢下咽 …… 106
为对方贴一个你所期待的“标签” …… 109
当心被打动时，想法就会改变 …… 111
成为自己人，自然愿意被说服 …… 114

第六章 调动你的说服记忆，笃定自己改变对方想法

“危言耸听”有时也会有意想不到的效果……120
自己按兵不动，让对方先做承诺……123
最后一刻掌握好说服的命脉……126
学会造势，让自己占据主动……129
巧用语言艺术，让他人不自觉的跟你走……132
借他人之口，说服对方相信自己……134
说服不了，就用真诚打动对方……137
说服别人之前先要说服自己……139

第七章 学会拐弯抹角，运用逻辑绕晕对方

说服要有逻辑，结果不同凡响……142
模仿也要做到不露痕迹……144
用数据说话，你的说服更有力……147
让客户把目光聚集在优点上……149
心中没有目标，只会被牵着鼻子走……152
说服要循序渐进，不可一步登天……156
曲线救国，从侧面迂回进攻……158
不是所有话，都得挑明了说……162

第八章 不打无准备之仗，说服需具体问题具体分析

带上“后援团”，“集体”去说服……166
对“症”下药，根据体质施以妙手……168
抛砖引玉，认清对方是骡子还是马……171

谈判要征服对方的“王”……174
知己知彼，说服才能百战不殆……177
掌握“贪婪点”，用“好处”打开对方心门……182

第九章　一击必杀，让对方绝无说“不”的时间

说服要找到软肋，开口就一招制敌……188
几句话就要切中对方的“要害”……191
从一开始就让对方说“是”……195
开门见山，先下“口”为强……199
找到双方共同点，击中内心更容易……202
捡芝麻还是抱西瓜……205

第十章　做一个有修养的说服之王

留些面子，给要求打个折扣……210
重视对方感受，用你的眼神感化他人……213
说服不是争胜负，留些面子给对方……216
适时地退让，让彼此的关系更亲近……220
说服对方前，先要懂得好好介绍自己……224
小细节要比碎嘴子更能打动人心……228

参考文献……232

第一章

想学说服心理学，先懂人心弱点

什么是说服心理学

严格来说，说服心理学属于社会心理学的研究范畴，是社会心理学的重要研究课题之一。如果要从学术方面来为本书的读者介绍说服心理学，读者可能会感到太过抽象，难以理解。因此，这一节将站在我们对于说服心理学的运用角度，以一个使用者的眼光了解说服心理学的具体内容。

首先，让我们来看叱咤风云的互联网精英马云是如何说服别人的。

在互联网界，阿里巴巴的首席执行官马云的出众口才是长期被业界广泛称道的。

马云当年在哈佛大学进行一个有关互联网未来发展方向的演讲时，听他演讲的一千多名互联网爱好者，在短短的两个小时内，超过10次为他的精彩演说起立鼓掌，并给予马云的演讲极高的评价："马云用英语引经据典、旁征博引，用美国人熟悉的实例，完全超越中美国界。"

另外，在与耶鲁博士毕业、资深投资人、瑞典国际著名风险投资集团的高级领导蔡崇信洽谈合作意向时，马云仅仅凭借半个小时的深入交谈，即让蔡崇信说出"马云，那边我不干了，我一定要到你的阿里巴巴公司来"这样的话。并且后来，蔡崇信也确实这么做了，两个月之后，蔡崇信就担任了阿里巴巴首席运营官一职。

还有更为传奇的故事，马云仅仅用了两次沟通、每次三分钟的"超光速"时间，就说服了"互联网投资皇帝"软银的孙正义做出为阿里巴巴投入2000万美元的投资的重大举措，不仅帮助阿里巴巴广泛拓展全球业务，甚至还帮助阿里巴巴在日本和韩国建立合资企业。

从马云的说服实例中，我们已经可以站在使用者的角度，完整地寻找到说服心理学包含的全部内容。

• 我们说服的对象有哪些人？

很明显，马云说服的对象都是他所从事的行业圈子中的人，他们或多或少地与互联网界有不同程度的关系。我们生活在这个现代社会中，不是独立封闭的个体，而是与这个世界有着千丝万缕的联系。即使深山寺庙中诵经念佛的僧人，也会下山化缘寻求外界的支持，何况是身处钢筋水泥的拥挤城市的我们。

说服作为普遍存在的社会现象，是我们与这个社会发生关联的体现之一，因此，它更多地发生在我们所身处的圈子，比如我们的工作圈子和生活圈子，而我们说服的对象，则主要来源于工作圈子和生活圈子的每一个人。

• 我们如何才能说服这些人？

马云在演讲时“说服”听众们为他起立鼓掌，凭借的是他睿智的外表和极富魅力的个人气质；马云说服职业经理人加入他所在团队，凭借的是他丰富的行业经验和扎实的专业知识；马云说服风险投资者为阿里巴巴注入资金，凭借的是他敏锐的商业眼光和独到的商业理解。他用一个说服者的完美表现，告诉了我们如何才能说服这些人。

“睿智的外表和极富魅力的个人气质”其实代表了一个人的外在形象。心理学中有一种效应叫做“定型效应”，指的就是一个人获得的外界对他的评价，与他呈现给外界的个人形象有关，且这个基于个人形象的评价往往持久且深刻，让这个人从此被认定具有这种标签，从而被外界定型。马云的外在形象使他被外界加上“睿智”、“魅力”这样的优质标签，这些优质标签成为了他说服别人的重要法宝。

因此，要说服别人，首先需要良好的外在形象。

“丰富的行业经验和扎实的专业知识”代表的则是一个人被信任的程度。一个是“国际风投高管”，一个是“互联网投资皇帝”，难道他们的智商情商会比马云低吗？可是，他们为什么还是最终被马云说服了呢？那就是因为马云获得了他们的信任。在这个信任危机频发的社会，能获得别人的信任就增加了自己成功的筹码。

获得说服对象的信任，是说服的另外一个重要基础。

“敏锐的商业眼光和独到的商业理解”代表的则是一个人做事的魄力。通常被说服的一方都是犹豫的，也许他自己一直都在做激烈的心理斗争——究竟是坚持自我还是听从对方。在这个时候，只有说服者拿出魄力，才能帮助被说服者下定决心。马云就是用这样的魄力，才成功地说服了合作伙伴们。

魄力，为你的说服加分。

• 我们可以利用哪些心理学原理说服别人？

在前面的分析中，我们已经提到，马云使用到了“定型效应”这一心理学原理。

其实，在说服的过程中，心理学原理是无处不在的。总的来说，凡是属于社会心理学范畴内的心理学原理，均适用于说服。只是，不同的实际情况，使用的心理学原理不尽相同。具体怎样将心理学原理运用到说服中，我们将在后面的章节中为读者详细讲解。

• 我们说服别人的价值是什么？

马云说服别人，获得的是个人荣誉、人才资源与经济资源。那么，对于我们来说，说服别人的价值又是什么呢？

孩子说服家长，可能获得的是心仪已久的玩具汽车；职员说服上司，可能获得加薪或更好的工作机会；企业之间的互相说服，可能获得一次双赢的美好结局；竞争对手之间的说服，可以将竞争关系变为竞合关系……无论是怎样的说服，必然存在它的价值——不仅对说服者有利，同时也对被说服者有利。

总的来说，站在使用者的立场，我们可以简单总结出以上几点说服心理学的内容。但是，比内容本身更为重要的是，我们怎样将这些内容运用在自己说服别人的过程中。只有达到了灵活运用的程度，我们才能算真正掌握了说服心理学的内容。

小故事

甲：今天英语考试没有及格。

乙：多少分？

甲：30。

乙：那明天的数学考试你又准备考多少分呢？

甲：估计40。

乙：你竟敢拿着两科不及格的试卷给你爸签字？

甲：我会先给他看30的，第二天再给他看40的，他肯定会夸我进步的。

乙：……

你能说服世界，就能得到世界

人心为什么会悲哀呢？因为人心是可以控制的：

我们在不清楚情况的局势下，往往会不自觉地追随大多数人或者熟悉的人，这是从众效应；

在遇到一群新认识的朋友时，一开始对你冷落但却慢慢对你越来越热情的人最能激起你的好感，这是阿伦森效应；

一个朋友答应了请你吃饭但是却忘记了，比他一开始压根没承诺请你吃饭更让你难受，这是半途效应。

当我们可以用这么多心理学效应来解读人心的时候，人心就变得不再神秘，因为只要懂得了心理学的原理我们就有可能去控制人的心理，说服心理学就是一门将心理学原理作用于生活的应用心理学。

说服有狭义和广义的区别，狭义的说服就是通过语言手段让对方认同你的建议，广义的说服则是通过各种手段综合运用来达到让万事顺从你的意愿的目的。

我们通常认为在说服心理学的领域里面有三重境界：

第一重境界是努力说服别人满足你的诉求。

第二重境界是通过心理学效应施加压力让别人为你服务。

第三重境界是通过心理学效应让别人心甘情愿为你服务。

做人不能太贪心，能够达到第一重境界就已经很了不起了。在一个信息化的社会里面，说服能力可以说直接决定了你的人生成败。你要通过说服老板来得到工作，通过说服客户来换取业务，通过说服恋人来赢得婚姻……一个不擅长交流的人往往不容易得到赏识，不要相信老板都喜欢老实人那一套，老板只喜欢能为他赢得利益的人。

说服心理学就是一套告诉你如何通过各种手段进行说服，并最终达到控制人心的心理学。这套学问从人类交流诞生之初就已经存在了，它贯穿了人类有史可载的绝大部分历史，以语言为主要载体之一，渗透了我们所知的人类活动每个领域。

举个例子来说，为什么宗教在历史上一直拥有重要的影响力？这就是因为宗教具有最多的“被说服者”，我们通常称之为信徒。无论你是否信仰宗教，你也必须承认宗教具备非常强大的说服能力，它让无数人甘心为了教义而奉献自己，也让这些宗教的创造者被放上神坛。

当然除了宗教以外，无论是在政治、经历、文化、外交还是情感等等领域中，我们都能看到说服心理学的力量充斥其间。我们如果能运用好这种力量，退，则可以御敌于国门之外——譬如毛遂自荐（1）；进，则可以玩弄天下于股掌之中——譬如苏秦刺股（2）。

这里顺便解释一下，很多人把口才和说服心理学混为一谈，以为一个擅长说服的人就是口才很好的人，这其实是一种误解，这里就浅谈一下好口才和说服力的区别：

• 从内容上来说，口才是说服的一部分，甚至可以说是最主要的手段之一，但是说服远远不止是口才好那么简单。

• 从形式上来说，有些说服是不需要说话的，一个眼神一个暗示就够了，有些说服是要控制语言张力的，就是不能太会说话，真诚反而更有说服力。

• 从运用上来说，口才只有在需要开口的场合才会用到，而说服则产生于需求，只要我们有需要别人合作才能实现的愿望，我们就需要说服。

可以这样认为，说服心理学的核心就是促成人与人之间的联系，正是因为这种联系对整个人类社会进步的推动力，才让说服心理学有了繁衍的土壤。而且这种能力并不是高高在上的，在生活中的方方面面我们都需要用到说服心理学。在这本书随后的内容中，我们将了解这门学科的种种实际应用，了解它在生活中发生的各种效应，并且掌握这门心理学的诀窍，成为一个了不起的说服心理学专家。

关于这门学问的意义我只有一句话：如果你能够说服世界，你就能够得到世界。

小故事

甲：我昨天试图说服我老爸给我买一辆车。

乙：你怎么说的？

甲：我告诉老爸，一个成熟男人的象征就是拥有属于自己的代步工具。

乙：然后呢？

甲：你真的想知道吗？

乙：……难道他给你买了一辆自行车。

甲：不，他给自己买了一辆车。

乙：……

（1）毛遂自荐：战国时期平原君门下有个食客叫毛遂，平时不显其能被众人误解，在平原君有难的时候挺身而出，最终通过自己的口才获得了平原君的信任，更进一步说服了楚王出兵援赵，最终让赵国得以转危为安。

（2）苏秦刺股：苏秦年少时师从战国时期的名师鬼谷子，有大志但才华平平，一直未能求取功名只能落魄回乡。为了奋发图强苏秦苦读老师赠予的《阴符》，觉得困了就用锥子扎自己的大腿，如此坚持苦读有成后。苏秦再次周游列国，这次的苏秦说服能力大增，最终动用自己的辞令之术说服六国国君“合纵”抗秦，手持六国相印成就了一番伟绩。

说服的核心在于直击人心

中国儒家思想代表者之一的荀子，是中国历史上第一个主张“人性本恶”的思想家，其言人之“饥而欲食，寒而欲暖，劳而欲息，好利而恶害，是人之所生而有也”；

《圣经》中亦有言，“连他心所憎恶的共有七样就是高傲的眼，撒谎的舌，流无辜人血的手，图谋恶计的心，飞跑行恶的脚，吐谎言的假见证，并在弟兄中布散纷争的人。”

……

在人类漫长的认知史中，当人类意识到自己的心理活动之时，便认识到了人性的弱点，对于这些弱点的发现，在各个不同文明的历史文献上都有迹可循。随着现代心理学的发展，人类对于人心的弱点有了更深的认识，我们开始发现这些与生俱来的心理弱点在我们的生活中比比皆是。

比如我们最常遇到的从众现象：用大众语言来说，就是指“跟随大流”，比如当一个人在人群中时，会不自觉地做出和大多数人一样的事。用学术的口吻来说，就是在某个特定情境下，对占优势的行为方式的接受。越是对不熟悉的环境，或越是临时状况，越容易产生从众现象。

又比如说著名的光环效应：指在人际交往的过程中形成的一种超越事实本身的社会印象，就像日月的光辉，在云雾的笼罩下扩大到四周，形成一种光环的现象。比如一个人从小受到老师、家长的表扬，经常被当作其他小孩学习的榜样，那么别人在评价他的时候，就会被他头顶的光环所影响，做出夸大事实的评价。

……

类似的心理学现象不胜枚举，它们赤裸裸地表现出了人类天生的心理弱点。但是这样的心理弱点并不可怕，因为它们都可以被内因和外因所改变的。如果你意识到你的心理弱点，你便可以给自己心理暗示提醒自己注意甚至改正；如果你意识到了别人的心理弱点，你便可以抓住这些弱点对别人进行有目的的引导。

从善意的角度来看，你可以帮助被这些心理学现象迷惑的人走出困境，当然，矫正这样的心理弱点并非易事，这需要系统的心理学知识和强大的自控能力。

所以掌握这些人心的弱点，最大的作用是帮助你完成说服，即抓住别人的心理弱点进行目的性与方向性的引导。当别人在不知不觉的情况下被你“牵着鼻子走”的时候，你便能轻易地完成对他的说服行为，甚至可以达到说服心理学中的第三重境界，即让他心甘情愿地为你服务，这就是为什么说“说服人的核心是抓住人心的弱点”。

三国时期著名的历史人物、曹操手下的首席谋士荀彧，被世人称为“王佐之才”。曹操在巨野大败吕布后，在徐州牧陶谦已死的情况下，欲乘胜追击夺取徐州而后消灭吕布。

荀彧却对曹操谏言说：“昔日汉高祖刘邦能保全关中、河内之地，全在于根基牢固，此为治理天下之本。现在将军您若进攻徐州，如果带大量士兵出征，那么守卫巨野城的士兵将所剩无几，可能会被吕布乘虚而入；如果带少量士兵出征，将没有必胜的把握。现在正是田间小麦成熟之际，将军不如收割熟麦，储存粮食以积蓄实力”。

曹操采纳了荀彧的建议，屯兵蓄粮，不久后再次大败吕布，并如愿夺取了徐州。

有“乱世之奸雄”之称的曹操，经常因为疑心杀掉自己手下的将领，虽然喜欢说自己爱听谏言，但却是出了名的我行我素。这样一个刚愎自用的人，为什么会对荀彧言听计从呢？这就是因为荀彧抓住了曹操占有欲强、患得患失的心理弱点：与出征战胜吕布相比，曹操更不愿意轻易舍弃已攻打下来的巨野。

于是荀彧先抬出了汉高祖做喻，满足曹操的虚荣心，这就利用了光环效应，让曹操觉得自己也跟汉高祖一样，就会认真听荀彧接下来的意见。

接着荀彧才摆事实讲道理，把两种利弊都详细地剖析给了曹操听，这是说服心理学常见技巧中的选择题效应。把复杂的问题变成了简单的选择题，让曹操一方面能够感受到控制者的力量，一方面又有了方案可以操作，于是荀彧最终成功地说服了曹操，坚固了自己在曹操身边的地位。

看到这里你也许会问，我又不是心理学专家，我也不是荀彧，我应该怎样直击别人的心理弱点呢？其实心理学的学习是一个非常轻松的过程，我们的身边随时都有各种心理学现象在发生，只要你注意留心，你也能够成为一个了不起的心理学专家。

在这里简单地为大家讲述几点容易操作的切入点，这是学习说服心理学的基本功，不需要掌握复杂的原理，只是帮助你提高捕捉别人心理的能力，让你就算不懂心理学，也能快速直击别人的心理弱点。

- 善于捕捉对方语言以外的讯息。
  - 留心观察，从对方的肢体语言中寻找对方真正关心的问题。
- 引导对方敞开心扉说出自己的难处或心事。
  - 用温和、善解人意的语气，耐心倾听对方的自我表达。
- 用对方的习惯与性格来思考问题。即换位思考，使自己进入对方的角色与位置，假设对方可能的想法。
- 使对方相信他做出的决定是他自己思考的结论。
  - 适当掩饰你说服对方的目的性，避免给对方被强迫的感觉。
- 在对方做出你所希望的决定后，给予其适当的鼓励。
  - 坚定对方做出此决定的信心，避免对方疑惑甚至后悔。

小故事

甲：我今天没有去上学。

乙：那你怎么对你爸说呢？

甲：我告诉老爸，班上有个同学得了肺结核，老爸就同意了。

乙：那你怎么对班主任说的呢？

甲：你猜一猜呢？

乙：反正你不会说实话。

甲：嗯，我告诉班主任，我得了肺结核，班主任也同意了。

乙：……

说服的关键是找到双方的“共情”

很多时候，对一个问题的关键点的把握往往会直接决定这个问题的最终结果。比如参加一场歌唱比赛的关键在于对参赛歌曲的选择，做好一桌美味佳肴的关键在于各种佐料的配备……把握事物的关键点，才能让成功离我们更近。

同样，如果想要掌握说服的技巧，我们也需要首先寻找说服的关键，这个关键决定了你整个说服流程的入手点，先来看看这样一个例子。

在鸦片战争结束后，中国国内的各类矛盾日益尖锐，清朝政府已陷入风雨飘摇的危险境地。清朝政府为了巩固自身皇权，不得不实行新政，决定立宪。

在众多朝廷重臣均支持立宪之时，慈禧太后的态度却始终暧昧不明，坚持不下令立宪。

镇国公载泽非常了解慈禧的心思，他明白，慈禧并不关心立宪与否，而只关心皇权是否还掌握在自身的手中。于是载泽对慈禧说，立宪之前得预备立宪，这需要20年的时间。当时已经70岁的慈禧一听，琢磨着20年之后自己早已飞升西方极乐世界，于是欣然同意立宪。

结果，立宪实际上并非如载泽所说需要20年的预备时间，仅三年之后，清廷即颁布了《钦定宪法大纲》，立宪成功。

从这个例子中我们可以看出，载泽在说服慈禧立宪的过程中，巧妙地抓住了慈禧的心理诉求，即慈禧所看重的皇权。载泽向慈禧承诺在她有生之年皇权都不会因为立宪而旁落，慈禧即认为载泽理所当然地会顺从自己实现她对皇权的掌控。因此，慈禧的心理诉求得到了满足，于是立即答应了载泽的要求。

仔细分析我们可以发现，载泽运用了心理学上的非零和效应成功地抓住了慈禧的心理诉求：表面上看是立宪派对慈禧的妥协，但实际上立宪派迈出了立宪的第一步——表面的妥协换来的是实质性的进步，非零和效应让载泽知道自己的妥协必然会换来另一方面的价值。

由此可见，心理诉求得到满足确实为成功说服对方的关键因素。

在我们的日常生活中，这样的例子同样屡见不鲜。

小张与小王均为应届毕业生，今年刚进入某私营企业的行政部担任文员的职位。初入职场的两个女孩在各自的学生时代都对职场有太多的憧憬，尤其羡慕那些白领丽人身着职业套装的干练与优雅，于是两人私下一商量，就决定向行政主管夏经理提出由公司统一购买职业装的建议。

小张首先去找夏经理，说明自己对职业女性的向往，希望公司能够通过统一购买职业装这一行为，来帮助自己转变心态，使自己从一名学生更快地转变为一名职场人。夏经理听了小张的建议，只是微笑，但并未答应。随后，小王也去找夏经理提出同样的要求，与小张不同，小王的理由是，如果能统一着装，将有利于员工气势和公司整体形象的提升，这对正处于快速成长期的公司来说，能帮助公司争取到更多的客户资源和业务量，因此统一着装是势在必行的。

最后，夏经理听了小王的建议，肯定地点了点头，在第二天便向公司发布了统一着装的通知。

对比小张和小王的做法，我们可以看出，小王正是因为抓住了夏经理身为公司高管因而必须站在公司的立场上考虑问题的心理诉求，同样的事换了不同的说服理由，从而顺利地将自己的建议变为了现实。

也可以这样说，想要说服对方，抓住对方的心理诉求必不可少。

在心理学中，有这样一个概念，即共情。“共情”是由美国著名心理学家罗杰斯提出的概念，指的是一种能深入他人主观世界，了解其感受的能力。罗杰斯强调，与一个人交流，必须要进入他的世界，从内部去体认他的生活方式，及他的目标与方向，从而实现与对方深入交流的目的。抓住对方的心理诉求，便是一个与对方建立“共情”关系的过程，只有完成了这样的过程，你才能真正抓住对方的心理诉求。

为了帮助读者在较短的时间内抓住对方的心理诉求，就向大家简单介绍几个寻找对方心理诉求的高效策略及方法。

• 学会倾听。

倾听是拉近人与人心灵距离的最佳途径。一个人在倾诉的过程中，自己的内心世界将完全展现出来，而心理诉求也是这样的内心世界的一部分。倾听者不需要过多的言语、安慰、理解，只需要用表情向对方表明自己的专注，那么对方将更加轻松、更加没有防备地对你倾诉，你也将获得对方更多的信息。

- 养成揣摩别人心思的习惯。

俗话说，罗马不是一天建成的，想要抓住对方的心理诉求，并不是一天两天就可以实现的。这就要求你能在平时养成揣摩别人心思的习惯，遇事多留心多思考多问几个为什么，并通过与对方的不断交流与沟通，来验证你的揣摩。久而久之，你自然而然地便比别人具备了更加敏锐的洞察力。

- 养成换位思考的习惯。

换位思考说起来简单，但是真正能做到的人寥寥无几，并不是因为大家不愿意去做，而是因为没有掌握到换位思考的基本条件，那就是用对方的思维定式和行为习惯去换位思考。因此，有效的换位思考，是建立在了解对方的基础上的。当你尝试着去了解对方的时候，你的换位思考才是行之有效的。

小故事

甲：同学的小狗放在我家让我帮忙照顾，结果小狗今天拉肚子了。

乙：你带它去看了医生吗？

甲：没有。

乙：那你怎么对你同学交代呢？

甲：我只用还给他一个生龙活虎的小狗就可以了？

乙：拉肚子的小狗也可以生龙活虎？

甲：明天还给他的时候，我会抱着小狗让他请我吃肯德基的。

乙：……

心理学让说服变成了一门技术

中国有一句古话，叫“不听老人言，吃亏在眼前”，说的便是许多的真理道义，我们的先人或前辈早已为我们总结出来了，我们需要的仅是吸收而已。对于传统的科学文化知识，我们可以通过科学家或者研究人员的论著以及教科书的传播来获取，比如牛顿定律、西方经济学、儒家思想、唐诗宋词等，它们的世代传承让我们拥有了宝贵的文明财富。

而对于有别于传统科学文化知识的社会科学文化知识，比如为人处世的原则、人际交往的哲学、自我价值的追求及实现的方法等受到个体差异和主观能动影响的理论体系，则需要心理学这门学科来传播。

因此，可以这样说，心理学研究心理现象和心理规律，它是一种工具，亦是一种途径，帮助我们站在科学的角度，建立系统的理论体系，从而用之理性地解决实际问题。

在某个小村庄的村口，有一棵百年古树，茂密参天，一直得到村民们的重点保护。同时，村口又是村里的小孩儿最喜欢玩儿的地方，古树有的时候不免成为顽皮的孩子们的玩耍对象。

最近，孩子们流行在古树的树皮上刻字，被孩子们折磨后的残破树皮让村长头疼不已。可是，孩子的家长们越是制止孩子们破坏古树，孩子们越是变本加利。

这天，村长对孩子们说：“小朋友们，今天咱们进行一场比赛，比赛在古树上刻字，字刻的最好的奖玩具手枪一支。”

第一天，孩子们非常高兴，纷纷拿出铅笔、小刀、直尺等工具，在树上写字画画，最后真的有一位小朋友获得村长奖励的玩具手枪。

第二天，村长又来到树前，对孩子们说："今天我们继续比赛，奖品为两颗弹珠。"孩子们见奖品变得这么没有吸引力，纷纷拉着小脸，没有人卖力刻字，树皮上的字寥寥无几。

第三天，村长又对孩子们说："今天的奖品为一块奶糖。"孩子们纷纷扔下手中的工具，齐声说："不刻了，不刻了，还不如去玩藏猫猫呢。"

就是这样，村长成功地保护了古树免遭孩子们的破坏。

村长怎么知道用这么巧妙的方法阻止孩子们呢？难道是运气吗？难道是孩子们都听他的话吗？都不是。其实，村长运用了心理学中的阿伦森效应就轻松地解决了这个问题。阿伦森效应是指人们最喜欢那些对自己的喜欢、奖励、赞扬不断增加的人或物，最不喜欢那些显得不断减少的人或物。

也就是说，孩子们对于村长这种让奖品不断减少的行为，是非常不喜欢的。村长当然知道这样的道理，于是才能在正面劝说孩子们却没有结果的情况下，利用"阿伦森效应"，采用"奖励递减法"，说服了孩子们不再对古树进行破坏，成功地达到了保护古树的目的。

如果不是心理学，我们怎么能总结出村长所使用的"阿伦森效应"和"奖励递减法"呢？如果总结不出这样的方法，村长的巧妙的说服技巧将难以被读者所学习并使用，因为读者凭借自己的理论体系可能很难自己总结出这样的奥秘。

对于普通读者来说，我们几乎没有任何的心理学基础，对所谓的心理学原理更是一窍不通，更不要说将心理学原理运用在说服之中了。可是，这难道就意味着借用心理学达到说服目的的大门向普通读者关闭了吗？答案当然是否定的，否则，本书的存在还有什么意义？那每一个人都只能坐在高校的教室里听课了。

当然，我们也承认，心理学的学习确实存在一个壁垒，要想越过这个壁垒去将心理学运用到说服中，也并不是一件容易的事。这个与每个人学习能力和自身潜质有关。

自我测试：我有学习心理学的潜质吗？

- 在与人交往的过程中，你扮演的倾听者的角色多于扮演倾诉者的角色吗？
- 比起技术类的工作，你是否更喜欢或者倾向于从事与人打交道更多的工作？
- 如果你的上司在某件事上冤枉了你，你会选择解释吗？
- 在同事中或在同学中，你总是不经意地就知道了别人的小秘密吗？
- 在你的家庭中，你和你的家庭成员每月都有两次以上的面对面交流吗？
- 《盗梦空间》和《哈利波特》这两部电影，你更喜欢看前者？

• 如果让你参观一个抽象派画家的画展，你也不会觉得太过于无聊吗？

• 在吃一顿自助餐之前，你会大概计算你所吃的菜品的价格和你所支付的价格吗？

• 旅行的目的地，你更倾向于选择自然景色而不是另外一个繁华的城市吗？

• 你曾经想过从事与心理学相关的职业吗？

利用自己的第一直觉回答上面的十个问题，并统计出自己回答“是的”的个数。

5个以下：你尚未做好学习心理学的准备；

5~7个：你有一定的潜质学习心理学；（通常大多数读者可能会处于这个范围）

8~9个：你有非常好的潜质学习心理学；

10个：你可能已经开始学习心理学或者你根本就是一个心理学相关职业的从事者。

在上述的自测中，只要你属于后三种情况，均可以参加心理学的学习。也就是说，即使是通过自学，你也可以掌握心理学原理，从而成功学到说服这门技术。

当然，爱因斯坦说“成功来源于1%的天才和99%的勤奋”。无论对谁来说，学习的过程都是艰苦难熬的。我们既然已经下定决心要学习说服心理学，就唯有坚持不懈，并勤加练习，才能真正掌握说服心理学这门的知识。

小故事

甲：今天跟女朋友逛街，被一个卖玫瑰花的小女孩缠着非要我买一枝花送给我女朋友。

乙：一枝花多少钱？

甲：不贵，10块。

乙：所以你就买了吗？

甲：没有。

乙：你不买小女孩会放过你吗？

甲：我女朋友一边骂我冷血一边买了一枝送给我。

乙：……

说服从控制内心开始

真正说服对方，指的是成功地使对方按你的意愿去完成或实现某件事情。当对方被你说服后，他的内心会认同你的观点，这种认同将表现在他的言行等方面。就像他的内心世界中关于这件事的那一部分已经完全被你控制住了一样。所以，说服对方的过程，实际上是一个控制对方心理活动的过程；说服对方的实质，即是改变对方的心理认知。

因此，要真正达到说服的目的，必然需要掌握对方的心理。

从心理学理论的角度来看，同样可表明掌握对方心理在说服对方的过程中至关重要。《行为心理学》告诉我们：人的行为从其发生机制来看，无一例外取决于人的内部动力系统的特性。人的内部动力系统特性的集中表现，就是人的性格。这种性格将产生心理活动，从而产生人的言行。所以，引导甚至控制人的言行，其根本就是引导或控制对方的心理。

1977年，史蒂夫·乔布斯意识到个人电脑将会具有广泛的市场，将是一个极具潜力的事业。于是，他和沃兹尼亚克共同创建了“苹果电脑公司”，准备推出配有鼠标的个人电脑。尽管下定决心要做个人电脑，尽管也发现了市场上有巨大需求的客户量，但是乔布斯和沃兹尼亚克却没有钱，怎么办?

于是乔布斯通过消费者问卷调研，筛选出了一部分“专业消费者”——对个人电脑有强烈工作需求的消费者。乔布斯说服了这一部分消费者先付钱订购个人电脑，然后利用这部分订购资金购买设备。随后，乔布斯又说服了多位供应商先免费向他提供生产个人电脑的原材料，等到电脑售出后再向供应商付款，条件就是以后苹果公司的原材料他们可以优先参与谈判。

就这样，用“拆东墙补西墙”的方法，乔布斯开始了第一台苹果个人电脑的生产。

在这个过程中，乔布斯为什么能让客户支付订金、让供应商免费提供原材料呢？那就是因为乔布斯掌握了客户和供应商的心理：客户希望能在第一时间拥有自己的个人电脑，而供应商则看到了个人电脑的巨大利润。因此，乔布斯才能说服客户和供应商。

通过乔布斯的案例，我们可以分析并总结出通过掌握对方心理而达到说服目的的基本步骤。

- 步骤一：做好说服前的工作。

俗话说，优秀的士兵不打没有准备的仗。在无声的明争暗斗中，职场如战场，说服往往不是面对面的唇枪舌剑那么简单。在说服开始之前，其实有很多的准备工作需要说服者去做。这些工作看似与说服无关，但是却如蝴蝶效应一般，丝毫的差池都会对说服的结果造成不可预计的影响。乔布斯就非常明白这个道理，于是才会在说服消费者之前，对消费者市场做了严谨的问卷调研，筛选出“专业消费者”从而在后来直接获得了他们的支持。

- 步骤二：了解对方的真实需求。

乔布斯知道“专业消费者”的真实需求就是利用个人电脑提高他们的工作效率，同时乔布斯也知道原材料供应商的真实需求就是建立他们在个人电脑行业的业务基础。正是有了这样的说服前功课，乔布斯才能在说服中变得更加高效。

- 步骤三：让对方明白他们的既得利益。

无论是在商界还是在职场，无论是企业与个人，每一方都尊崇着以结果和利益为导向的做事原则。只有在这个原则下进行的工作才是可行的。乔布斯同样深知这一点，在与消费者和供应商谈判时，不断向消费者强调他们可以获得优先拥有个人电脑的机会，也不断向供应商强调他们可以获得与苹果公司优先洽谈合作机制的权利。消费者与供应商各自明白了他们的既得利益，当然会心甘情愿地被乔布斯说服。

- 步骤四：实现说服对方时的承诺。

对承诺的必要履行，不仅仅是一诺千金的表现，更对说服与被说服的双方的后期的合作进展起着重要作用。在心理学中有这样一个任务价值的概念，它属于职业心理学的范畴，指每个人在做出某种行为时，会根据自己的期望去评估这个行为的价值，然后才会根据评估出来的价值付出同等价值的劳动。

如果说服者承诺了被说服者可以获得的某些利益，但最终却没有对被说服者兑现，则被说服者的行动力会随之下降，即使他被说服，他也不会再具有说服者希望看到的主观能动性。所以，乔布斯在启动个人电脑出售工作后，立刻将“专业消费者”订购的电脑送货上门，并且与供应商签订了初步的原料供应框架协议。

通过掌握对方的心理需求而说服对方，这是一种保守的万无一失的说服方式，也是初步接触说服心理学的读者易于上手的说服方式。因此，只要按照上述步骤执行说服过程，说服对方会逐渐变得把握十足，十拿九稳。

小故事

甲：今天陪女朋友买衣服去了。

乙：你给她当参谋了吗？

甲：当然。

乙：如果她穿了一件其实不适合她的衣服要你评价，你怎么办？

甲：我只用说实话而已。

乙：难道你不怕惹她生你的气吗？

甲：当她发现她花了一笔不该花的钱时，她会更加生我的气的。

乙：……

大丈夫能屈也要能伸

“忍一时风平浪静，退一步海阔天空”是人人都明白的处事道理。“大丈夫能屈能伸”说的也是君子的气度与明智——这都说明了一个道理：用暂时的忍耐和表面的退让换来自己所希望的结果，未尝不是一件好事。这就是以退为进的真谛。

尤其是在以结果为导向的当今社会，以退为进更是被广泛运用。

比如，家长们在答应带小孩去游乐园之前都会要求小孩在这次的期末考试中考到100分的成绩；想要竞选学生会主席的候选人通常会放弃其他学生会委员的争夺而避免自己树敌太多；商业谈判时某一方可能采用以退为进的方法趁对方麻痹大意的时候给予其致命一击……

同样地，在说服心理学的领域，以退为进也是说服的惯用手段之一。

盛大网络董事长兼首席执行官陈天桥就曾在2005年用以退为进的说服手段成功地说服了新浪董事会的段永基，实现了盛大网络参股新浪的商业目标。

2004年下半年的时候，新浪股价下滑至互联网回暖后的历史最低点，这被陈天桥看作是盛大参股新浪的最佳时机。于是，陈天桥专程从上海飞往北京，与当时新浪的董事会成员之一的段永基谈判。

陈天桥提出以当时股价的120%收购四通控股所持有的全部新浪的股票。可是，段永基却提出120%的股价太低，要求陈天桥以新浪在历史最高点时的股价——每股接近50美元的股价进行收购。陈天桥认为段永基在敲自己的竹杠，他觉得自己给新浪的120%的价值上浮已经很高了，于是没有应段永基的要求，双方的谈判陷入了僵局。

当时，陈天桥一直在通过二级市场增持新浪的股票——不断从四通控股手中购买新浪的股票，到2005年2月份已持有19.5%的新浪股票。他再次找到段永基，继续与段永基谈判。没想到，段永基不但没有降低收购价格，反而将收购价格提高到了50美元每股，为此陈天桥需要多支付约1.2亿美元的收购资金。

陈天桥对段永基说，如果自己继续在二级市场中增持，四通控股的股份将被进一步稀释，同时，如果不是自己在二级市场收购，新浪的股价更不可能在短时间内上升到新浪董事会所希望的价格。

他们洽谈了三天，彼此间难分伯仲，最终达成了一致，即盛大以每股32美元的价格收购总价约8000万美元的新浪股票，此价格比当时新浪在纳斯达克收盘价上浮仅15%，不仅完全在陈天桥的接受范围，更使陈天桥成功实现了强势参股新浪的目标。

让我们来看，在与段永基的谈判过程中，陈天桥是怎样以退为进说服对方的。

表面上，陈天桥所支付的每股32美元的价格高于当时新浪的实际股价，看似陈天桥做了一笔“亏本买卖”，但实际上，接受了此价格后陈天桥不用在二级市场以接近或超过每股50美元的价格收购，32美元与50美元，孰多孰少呢？同时，参股新浪是盛大集团的商业战略目标，实现此目标对盛大的意义非凡。

也就是说，陈天桥以15%的微小代价，换来的是盛大有形和无形的巨大利益，这就是一次通过以退为进的手段成功说服对方的典型案例。

以退为进不仅适用于企业与企业之间，同样也适用于个人与个人之间。

某企业由于规模和档次的提升，计划搬到更好的写字楼办公。公司行政人员小何负责新办公地点的选址工作，按照要求将把备选区域的所有写字楼调查一遍，将调查的数据汇总列表后发给行政主管进行最终确定。

由于到了年底，小何的日常工作很忙，没有那么多的时间去实地考察备选区域的每一个写字楼，但小何的工作任务又必须完成，这该怎么办才好呢？小何冥思苦想了一下午，终于想到了解决办法。

小何主动去找到行政主管，将自己近期的工作安排先向主管大致汇报了一遍，表明自己最近工作安排较多，所以将新办公楼选址的工作做了如下安排：

先根据搜房网站的相关资料，将需要调查的楼盘的主要指标查到，筛选掉一部分明显档次及品质不符合公司要求的写字楼，然后集中安排一天的时间去考察那些符合要求的写字楼，并最终将考察结果向上汇报。虽然实地考察的写字楼数量有所减少，但是由于考察对象更有针对性，相应地便提高了工作效率，节约了时间成本与交通成本。

主管在听了小何的工作安排后，非常满意，立刻同意小何按此安排执行。

小何是怎样巧妙地运用以退为进的方法说服主管，从而减少了自己的工作量的呢？表面上看，她增加了在网上整理资料、筛选写字楼的额外工作。但实际上，通过这个额外工作，小何不仅让主管觉得自己考虑问题周全细致，工作态度积极主动，还让她至少剔除了一半以上原本需要去实地考察的写字楼，这反而大大地减少她的工作量。

为什么以退为进能在说服中这么管用呢？站在心理学的角度，我们也不难理解。

在心理学中，有一个效应叫做南风效应，原意是指南风比北风更能带给人温暖舒适的感觉，因而行人在吹温暖的南风的时候比在吹寒冷的北风时更容易脱掉身上的衣服。

在说服过程中，以退为进就如同温暖的南风，它让你的说服对象感觉到你是顺着他的要求、站在他的角度进行“妥协”，甚至觉得不是你在说服他，而是他在说服你——但其实你们的目标都只有一个，就是双方达成一致。于是说服工作变成了“一个愿打一个愿挨”的和谐局面，当然说服就很容易成功了。

需要提醒读者注意的是，在使用以退为进的说服方法时，有以下原则需要注意。

- 全局可控原则。

说服者需要保证自己的“退”只是形式上的“退”，这种退是不会影响自己的立场的，更不会损害自己的利益的。整个说服过程还必须牢牢地被说服者全盘掌握着。否则，退到自己无法控制的局面，说服的结果便无法保证了。

- 真实坦诚原则。

我们都明白，说服者只是在进行所谓的“退”，其实他的目标是不变的，仍然是希望说服对象最终向自己的要求妥协。因此，说服者必须要以真诚的态度获取对方的信任，让对方放松警惕与防备，这样才有可能成功地说服对方。

小故事

甲：明天公司组织去旅游。

乙：你不是不喜欢旅游吗？

甲：是的，所以我向公司申请将我个人的旅游经费以现金的形式发给我。

乙：公司答应你了？

甲：嗯，说可以发给我。

乙：那你现在怎么在收拾行李呢？

甲：公司财务的小丽说她要在旅游的途中发给我，因为旅游完了她就辞职了。

乙：……

锲而不舍，金石可镂

当你参加长跑比赛中达到体力极限而无法再向前迈一步时，有个声音会在你的耳边说“坚持就是胜利”；当你因为完成某项工作或学习任务而加班加点时，你会提醒自己“天将降大任于斯人也，必先苦其心智，劳其筋骨……”；当面对一次又一次的失败时，你想起了那句“锲而不舍，金石可镂”。

坚持就像矗立在我们内心的那棵四季常青的参天大树，是我们强大内心世界中必不可少的支柱。

同样，在说服心理学中，坚持同样也是至关重要的品质。

父子俩在沙漠中迷路了。父子两人叹口气，开始检查各自身上的水和食物还剩多少。结果是，他们已经所剩无几。

儿子紧皱眉头说道：“爸爸，我们怎么办啊？照现在的情况来看，我们很难走出去啊！如果走不出去，我们还不如把剩下的东西全吃完，然后自杀，做个饱死鬼，总比饿死、渴死或者累死强啊！”父亲看一眼儿子的表情，发现他是在很认真地说话。于是父亲摇摇头说道：“嗯，儿子，我同意你的观点。虽然这片沙漠并不是太大，但是按照我们的食物储备来看，真的很难走出去，不过，实际上我们也没必要走出去。”

“为什么？”儿子不解地问道。

父亲说道：“我们应该先找到附近的那个绿洲，把随身带的所有能装水的器皿都灌满水，然后再想办法走出这个沙漠。据我所知，这附近就有一个不小的绿洲。”

“真的吗？爸爸，您没有骗人吧？”儿子半信半疑。按照他的观点，大风沙过去之后，连自己在沙漠的哪个具体位置都不知道，更不要说确定这附近就有个绿洲了。

父亲看出了儿子的怀疑，他指一指远处，那里有一棵巨大的仙人掌，有两个人那么高。

“孩子，上一次我随驼队来过这里，那棵仙人掌就是标志。”父亲说。儿子虽然还是心存疑惑，不过放眼望去，自己目力所及，能看到的也就那棵仙人掌，再没有别的植物了。于是，他开始有些相信父亲的话。

父亲在前面带路。两个人走走停停，饿的时候吃得很少，只要不饿死就行，渴了就稍微喝一点水，只要太阳不至于把他们从人间蒸发就可以。这一走就是3天，两个人吃尽了苦头。儿子每天渴盼着绿洲，时不时地问父亲是不是快到了。父亲点点头说：“当然，不过你得有耐心，虽说离得不太远，但是这是在沙漠，再近也有可能耗费我们不少的时间。支撑下去，找到那片绿洲，到时候我们就能好好地休息了！”儿子虽然早有些吃不消了，但是一想到已经走了3天，绿洲应该不远了吧，也就坚持下来了。

又是两天过去了，包里的水和食物都没有了，但是绿洲还是没有找到。

儿子差点哭了，他对父亲说道：“爸爸，原来您一直在骗我！”父亲非常无奈地道：“傻孩子，都到什么关头了，哪还有必要骗你？那个绿洲马上就要到了！”他拉上儿子，又艰难地向前走。

又走了半天多时间，两个人已经滴水未进好久了。他们神情恍惚，走得腿都软了，嘴唇就像干裂的土地。终于，两个人都倒在了沙漠里。

等两人醒来的时候，他们发现自己躺在医院里，手上插着吊针。“这是怎么回事儿？”儿子惊讶地道，“难道我还没死？”

“你当然没有！”父亲比儿子醒过来得早一点，他微笑着看着儿子道，“很好，你坚持下来了！”原来，当看到食物和水的总量时，父亲就知道，按照那种形势来看，如果不咬紧牙坚持的话，是很难走出沙漠的。他虽然不知道自己在沙漠的哪个位置，但是他了解，这个不太大的沙漠无论从哪里开始走，想走到边缘的话，都用不了10天。结果他们用了近6天的时间就走到了沙漠边缘。他们晕倒之后，很快被附近的摄影爱好者发现，救援队把他们送到了医院。至于那个绿洲，当然是父亲虚构的，因为他太了解儿子了，如果不这样说的话，儿子连两天都支撑不下去。

从这个案例中，我们可以看出坚持在说服中所发挥出的重要作用。父亲的说服让儿子有了坚持下去的动力，并用言语给孩子一种心理暗示。如果没有父亲一次次地说服，让儿子坚持再坚持，相信儿子也无法坚持到走出沙漠。

不过，任何事物都具有两面性。如果在说服的过程中一味地坚持，有的时候也会造成适得其反的结果。

在某家全球性企业从事咨询工作。她最大的优点就是做事有恒心有毅力，常常因此与客户达成合作，她的业绩排名也在公司凯茜名列前茅。

某次，她接到了一个印度公司转介到中国大陆公司的客户，印度公司在转介的时候，特别向凯茜强调了这个客户是一个虔诚的佛教徒，但是凯茜却对同事的友好提醒不以为意。在与对方洽谈合作的过程中，双方仅对合同的付款方式存在最后的微小异议，只要凯茜成功地说服对方按照公司的要求进行付款，这笔业务便成功了。

急于求成的凯茜不断说服对方按照公司的付款方式进行款项支付，不仅通过电话、邮件等方式，甚至还在印度客户去寺庙祈福的时候，站在客户旁边不断解释为什么要按照公司要求的方式付款，希望最终能说服客户签约。没想到，客户从寺庙出来后，不仅对凯茜非常生气，认为她破坏了寺庙神圣的氛围，还以凯茜不尊重别人的信仰为由，立即终止了与凯茜的谈判，凯茜这笔业务最终也只能以失败告终。

这就是坚持在说服中的反面例子，凯茜可能怎么也不会想到，自己身上被一贯称道的坚持，竟然成了这笔业务失败的唯一因素。但是，身为旁观者的我们，除了略微同情凯茜遇到一个古怪的客户之外，又应该怎样看待凯茜的失败呢?

没错，坚持是在说服中必不可少的要素，但是，坚持也并非万能的——实际上，在瞬息万变的职场中，几乎很难找到一个万能的方法去适应不同的情况。

坚持只有在合适的时间、合适的情况、面对合适的人的时候，才会发挥它最大的功效。如同“橘生淮南则为橘，生于淮北则为枳”的道理，面对任何情况下的说服情形，说服者都需要从两个方面权衡坚持的利与弊，从而精准地把握坚持的度，才能最终实现成功说服对方的目标。

在这里，我们就为读者总结一下在说服过程中怎样巧妙坚持的几点建议。

- 察言观色。

据心理学研究表明，人的内心活动通常有70%会直接表现在面部表情和肢体语言上，察言观色就是需要你通过这些表象去挖掘说服对象内心深处的真实想法，避免出现剑走偏锋的危险。当你的坚持已经让对方出现反感的萌芽时，你必须要及时停止。

• 松紧有度。

我们都明白橡皮筋绷太久会断的道理。同样，如果你一直坚持己见给对方施压，很容易造成对方的逆反心理，这对谈判的推进是相当不利的，不仅可能导致谈判停滞不前，甚至可能导致谈判的终止，后果是相当严重的。因此，在说服过程中一定要合理掌控对松紧的把握。

• 因人而异。

有些人喜欢被别人指点，喜欢被别人引导，这在说服心理学中称为被动型说服对象，而另外一些人则恰好相反，称为主动性说服对象。通常我们认为，在与被动型说服对象谈判时，可以表现的坚持程度跟与主动型说服对象谈判时的程度更加深。换言之，因人而异决定不同的坚持程度，也是必须的。

小故事

甲：老爸给我推荐了一本很不错的书，教人怎样用眼神说话。

乙：那你现在开始学了吗？

甲：还没有。

乙：是因为太难了？

甲：是因为我的眼睛太小了，别人都看不清我的眼神。

乙：你就这样给你老爸解释？

甲：是的，我让他给我一笔钱，我要去做开眼整形术。

乙：……

第二章

想要说服你，并不是很容易的事

每个优秀的销售都是个心理专家

一个销售明星每天要说多少个字？听到这个问题，你的第一反应是什么？你的答案又是什么？先不要急着回答，让我们一起来看下面的故事。

在现代营销界，有一位享誉全球的营销大师。他在他的15年的汽车推销的职业生涯中，平均每天成功销售6辆、总共销售了13001辆汽车，他连续12年获得世界吉尼斯纪录大全“世界销售第一”的荣誉，他获得众多世界500强企业的盛情邀请，传授销售经验——通用汽车、福特汽车、IBM、惠普、卡夫、玫琳凯等商业巨头都是他曾经演讲的对象。他就是美国销售传奇、世界上最伟大的推销员——乔·吉拉德。

乔·吉拉德出生在美国大萧条的年代，他的父亲是西西里移民，总是带着全家四处奔波。迫于生计，乔·吉拉德9岁就开始做报童、擦皮鞋，16岁进入工厂成为了一名锅炉工，窘迫的处境使他不仅遭受到了小伙伴的嘲笑、邻里的歧视，甚至连他的父亲都时常对他辱骂。可是，乔·吉拉德并没有被这些困难所打倒，在母亲的关爱下，他坚持一边打零工一边读书，终于完成了高中学业。

35岁前，他做过40多种工作，却仍旧一事无成，同时还患有严重的气喘和口吃，甚至当时他已负债高达6万美元。于是，他又选择了下一份工作——汽车推销员，他的命运从此而改变，至今都是销售界无法超越的巅峰。

乔·吉拉德的销售秘诀是什么呢？他自己总结了7条，分别是：

- 不得罪每一个顾客。
- 向每一个人推销。
- 更多地了解顾客。
- 让顾客帮我寻找顾客。

• 让产品吸引顾客。

• 诚实。

• 真正的销售始于售后。

正是凭着这7条金科玉律，乔·吉拉德才成为了一名伟大的销售明星，成为了无数销售人员心目中的动力与榜样。

再回到我们在开头提出的那个问题，一个销售明星究竟每天要说多少个字呢？相信看了乔·吉拉德的故事，我们可以发现这个问题的真实含义：一个销售明星的销售效率究竟有多高？你可以回答，像乔·吉拉德一样高！这便是这个问题的正确答案。

销售是什么？通俗来说，销售就是将自己的产品成功卖给顾客。我们仔细观察乔·吉拉德的销售秘诀，不难发现其中的共同点：所有的销售秘诀都需要一个载体来完成，那个载体便是语言——包括对话语言和肢体语言。无论销售人员选择怎样的销售方式，都只有依靠语言来将他所选择的销售方式实现。

销售的过程，是销售人员通过自己的语言劝说顾客购买自己商品的过程，实际上，这是一个典型的说服的过程。从说服心理学的角度出发，我们可以重新给销售下一个定义：销售就是销售人员说服顾客的过程。

比如，保险推销员的职责是，说服投保人员购买他所出售的保险产品；化妆品推销员的职责是，说服爱美的女性使用他所代理销售的化妆品；甚至作家也是推销员，他说服他的读者购买他所写的书——销售在我们的生活中无处不在，因此，说服也在我们的生活中无处不在。

小李是某个游戏开发公司的销售人员，他的职责便是将公司研发出的游戏出售给网络平台公司，当游戏在网络平台上成功运营后，公司便可以获得价值回报。

周一，小李去拜访一个大型的网络平台商，在讲解了他所推销的这款游戏的卖点之后，对方表示对这个游戏很有兴趣，双方可以就此销售合作进行深入谈判，但游戏运营的收入双方要以7：3分成，对方拿7，小李的公司只能拿3。听到这样的合作条件，小李非常不满意，立刻回绝了对方继续谈判的要求，这份销售订单也只能就此搁浅。

小李回来后向他的主管汇报了此事，主管于是派另一个销售人员小罗再去拜访对方，并在小罗去之前在小罗的耳边说了几句悄悄话。

周二，小罗去对方公司说明来意之后，对方仍旧坚持7：3分成的合作条件。小罗说，要我们答应这个条件也没有问题，我们也有一个条件：贵公司需在网络平台上免费提供我们一个宣传这款游戏的专区，这不仅能为我们公司树立品牌形象，还能加速这款游戏的人气提升。

对方思考了几分钟，便爽快地答应了小罗的要求。双方立即签署了销售合同，小罗的公司成功地达成了这笔交易。

这个案例成功的关键在于，主管在小罗耳边的那几句悄悄话——当不能争取价格上的好处时，争取其他的有力条件，最终的目的必须是实现销售。心理学中的替代效应可以很好地解释这种情况，即用自己可以实现的目标达成那些不能实现的目标。小罗就是通过了替代效应在营销中的运用，成功地说服了对方。

那么，说服在营销中的运用，具体包含哪些内容呢？另一个美国营销大师、有“整合营销传播之父”之称的唐·舒尔茨为我们总结了4R营销理论，可以让我们直观地看到说服心理学在营销中的运用。

- Relevance：关联，与顾客建立关联。

在与顾客建立关联的过程中，首先需要说服顾客敞开心扉，愿意倾诉与倾听，这样使销售有了良好的信任基础。

- Reaction：反应，提高市场反应速度。

市场反应指销售人员从顾客的角度出发，及时了解顾客的需求、希望金额并及时答复和迅速作出反应。可是，顾客的要求不会总是合理的，甚至会损害到销售人员、销售公司的利益，因此在这个过程中，销售人员需要说服顾客尽量减少他们的要求，尽量合理化顾客的要求。

- Relationship：关系，与顾客建立长期而稳固的关系。

这个不难理解，潜移默化地进入顾客的关系网，同样需要说服的技巧向顾客表明自己的真诚，掩饰自己的目的性。

- Return：回报，回报是营销的源泉。

对于销售人员来讲，最好的回报就是顾客不断地购买他的产品。因此，说服一名顾客通过类似发展身边的人使其也成为销售人员的另外的顾客，是维持销售持续性的最佳途径。只有这样，营销才有源源不断的利益可言。

小故事

甲：今天买了一瓶100块钱的洗发水。

乙：你竟然这么奢侈？

甲：没有，其实我只想买20块钱的。

乙：那是怎么回事呢？

甲：因为我遇到了一个很敬业的洗发水推销员。

乙：他向你推销了100块的那种？

甲：没有，他只是指着自己的秃头说他用的就是20块的那种。

乙：……

总统不是你想当就能当

“我会是这样一位总统：让每个人都能看上病和看得起病。我在伊利诺伊州就通过民主党人和共和党人的携手合作实现了这一目标。

我会是这样一位总统：终止所有把工作运往海外的公司的税收优惠政策，并给美国最值得享受减税的中产阶级减税。

我会是这样一位总统：让农场主、科学家和企业家发挥他们的创造力，使我们国家一劳永逸地摆脱石油的主宰。

最后，我会是这样一位总统：我要结束伊拉克战争并让我们的士兵回家；我要恢复我们的道德地位；我知道9·11不是骗取选票的借口，而是使美国和世界联合起来应对21世纪这个世界面临的共同威胁：恐怖主义和核扩散，全球变暖和贫困，种族屠杀和疾病。”

以上的这一段话，原文摘自美国第44任总统贝拉克·侯赛因·奥巴马在2008年的总统竞选演讲的演讲稿。

总统竞选演讲是什么？总统竞选演讲的目的是什么？总统竞选演讲的意义是什么？这一系列问题，答案均不言而喻。而竞选的演讲稿更是在竞选中举足轻重，一个政治家的胸襟与气度、政治主张、政治形象均在演讲稿中体现得淋漓尽致。

从奥巴马的演讲稿中我们可以看出，字里行间表达的全部都是他为民国民众描述的未来美国的美好蓝图——完善的社会医疗保障体系、减轻主流民众的赋税负担、鼓励各行业的创造力的发扬、重塑美国的仁义道德形象、承担并解决全世界共同面对的威胁。大气豪迈而激情四射的演讲，打动选民为自己争取到宝贵的选票。这就是一个美国总统的演讲稿的价值！

奥巴马不仅通过各类演讲，还不断通过自己的一言一行，全方位地塑造了一个伟大的政治家的形象，从而成功地说服了民众在大选中为自己投出支持的选票。这是一个标准的说服的过程，可以称之为世界上最昂贵的说服。

在这个说服过程中，奥巴马用到了一个心理学的基本概念同理心，即站在对方的立场、用对方的思维习惯思考问题，即我们常说的"换位思考"，借助同理心的效应，奥巴马在演讲中说出了美国民众的心声，理所当然地获得了民众的支持。

也许你会说，总统竞选离我们太过遥远，值得我们借鉴的价值亦有限制。其实，我要告诉你的是，除了总统竞选演讲，在我们的现实工作生活中，还有无数需要我们表达自己、说服别人从而获得别人支持的实例，均体现了说服在获得支持中的重要性。

美国著名"钢铁大王"、与"汽车大王"福特、"石油大王"洛克菲勒等大财阀齐名的美国最大钢铁制造商安德鲁·卡内基，就曾有过这样的经历。

在卡内基的童年，他白天打工晚上参加夜校学习，十分辛苦。某个冬天的晚上他从夜校回来，他的姨夫打电话告诉他，在匹兹堡市的大卫电报公司需要一个电报送信员，问他愿不愿意去匹斯堡面试这个职位。卡内基非常欣喜，立刻准备好崭新的西装和锃亮的皮鞋，第二天便去到电报公司参加面试。

面试卡内基的大卫先生对这个高鼻梁、矮个子的苏格兰少年打量了一番，问道："你熟悉匹斯堡市的街区和道路吗？"卡内基诚实而坚定地回答："不熟悉。但是我可以保证在一周内熟悉匹斯堡市的全部街道。"大卫先生看着充满信心的卡内基，满意地点了点头，对他说："给你周薪2.5美元，你从现在起就被大卫电报公司正式录用了。"

正如卡内基所承诺的那样，他在短短的一个星期内，真的对匹斯堡市的街区了如指掌，甚至包括了郊区的道路。不到三个月的时间卡内基成为了大卫电报公司的优秀电报员。

在卡内基争取这份电报送信员的工作的时候，正是因为用他表现出的诚实与信心成功地说服了大卫先生，从而获得了这个改变他一生命运的工作。

面对机遇与挑战的时候，我们永远也不能知道，我们是否能够将它抓住，但是，我们却可以通过说服影响这些机遇与挑战的关键人物，提升自己抓住这个机遇与挑战的可能性。只有说服关键人物，我们才能获得积极支持，才能提高自己的成功概率。

比如，身为一名学生会委员，你想要竞选学生会主席，你必须要首先考虑获得前任学生会主席（假设他不参与竞选）或者某个身份重要的委员的支持；在争取公司内部某个出国交流的名额时，你必须要打听到人事高层对这个名额的选择倾向，再决定自己需要从哪个关键人物入手去获得支持；如果是企业的招投标工作，在保证招投标各环节工作公平公开的原则下，投标企业的联络人员可能需要随时保持与招标企业的窗口进行沟通，尽量获得第一手的信息与动向……

不同情况下的关键人物均不相同，说服关键人物从而获得他们的支持的方式方法亦千差万别，这都需要我们根据实际情况去灵活分辨，随机应变，从而顺利地将说服行之有效地运用。

小故事

甲：今天中午吃了一碗牛肉面。

乙：你不是不喜欢吃面吗？

甲：可是这碗面不要钱，面馆老板请客。

乙：为什么？

甲：因为我告诉老板，我不吃面是因为我从来没有吃到我认为好吃的面。

乙：所以老板对他的面的味道很有信心？

甲：不是，老板只是说免费的东西都是最好吃的。

乙：……

为什么会有人捧着钱来求你收下

问你这样的问题，你通常会联想到什么？是政界官员们行贿受贿的不法勾当，还是各类竞选的暗箱操作？是剽窃公司机密的商业犯罪，还是仅仅出于感恩而表达的谢意？凭借我们长期养成的对社会的认知习惯，我们可以联想到太多此类情况，一方捧着钱求你收下，仿佛收钱的成了大爷，送钱的成了孙子。这种表面上有悖常理的事，在我们周围屡见不鲜。

俗话说，“无事不登三宝殿”，“无功不受禄”，除非是傻瓜，否则没有谁会真正捧着钱来求你收下。无论是勾心斗角的政界，还是风云变幻商界，甚至是看似风平浪静的学生团体，均充斥着立场不同的利益双方。

如果真的有一方捧着钱求你收下，那你必然会在某个方面为对方做出让步和牺牲——这就是双赢的道理。只有达成了双赢，才有可能出现“别人捧着钱来求你收下”的美好局面。

要实现双赢，最重要是必须有一方愿意为双赢的结果而努力——愿意说服另外一方共同去实现双赢的目标。

以2005年雅虎与卡巴斯基的那一场可能的合作为例，我们可以理解到说服者是怎样努力去实现双赢的。

2005年，雅虎即将推出一个上网安全软件“上网助手”，后来的360的董事长、当时还在雅虎工作的周鸿祎已经有了“安全软件+免费杀毒”的想法。

周鸿祎找到包括瑞星、金山、江民——几大当时垄断国内杀毒市场的厂商，试图说服他们提供一个免费或半免费的杀毒软件，即使是简要版、试用版，只要能跟“雅虎上网助手”捆绑在一起推出即可。但是，几家厂商并没有理解周鸿祎的想法，均无一例外地拒绝了周鸿祎的合作提议。原因是当时他们的杀毒软件都销量很好，怎么可能免费与软件商合作呢?

在没有办法的情况下，周鸿祎找到了当时在中国大众市场份额占比较低的卡巴斯基，向卡巴斯基当时的大中国区总裁张立申表达了合作意愿，主题意思是：反正卡巴斯基暂时也不可能打得过瑞星等杀毒厂商，不如破釜沉舟跟雅虎合作免费推广，提高知名度、赚足人气后，自然会有一定比例的用户掏钱买正版。

张立申觉得周鸿祎的提议不错，但是由于担心免费版本损害了收费软件的销售收入，他始终犹豫不决。于是周鸿祎找人去电脑城做了调查，估算出卡巴斯基当时一年的销售收入大约不到1000万元人民币，就跟张立申说："这样吧，我们各自承担一半风险，我每年固定给你500万元人民币作为补偿。

这样，双方的合作得以初步达成。虽然这个合作最终因为其他的原因而搁浅，但是周鸿祎却在后来以360董事长的身份与卡巴斯基实现了这一合作。

在上面的案例中，卡巴斯基的张立申不就是那个"有人捧着钱请他收下"的角色、周鸿祎不就是那个"为了达成双赢而努力说服对方"的角色吗？周鸿祎自己做市场调研，他站在对方立场上的分析，他提出"500万人民币的合作条件"——这一系列的举措，均是为了说服对方与他达成合作的努力，这样的步步为营，当然可以成功地说服张立申。

从心理学上来讲，每个人都有一个"心理扳机点"，即指某种外界刺激在触及心理的某一底线时会引发强烈的心理反应，这个底线被称为"扳机点"。在各种寻求双赢的合作中，主动说服的那一方，只有寻找到对方的心理扳机点并对其加以刺激，即对症下药，才有可能实现双赢的结果。

那么，究竟怎样寻找对方的心理扳机点呢？我们总结归纳出以下几点供读者参考。

• 与对方建立良好的沟通机制。

无论是人与人之间还是企业与企业之间，建立良好的沟通机制是双方合作的前提。只有在这个前提下，双方的沟通才是高效的、真实的——你可以在最短的时间内走进对方的心理世界，全面了解对方并罗列对方可能出现的心理扳机点。

• 全面深入了解双方的话题焦点。

A公司与B公司谈判项目合作，A公司发现B公司对合同的商务条款关注较多，则明白了B公司的心理扳机点为合理的价格。深入了解话题焦点必须建立在一定程度的沟通量上，否则很难发现话题焦点，而心理扳机点往往都隐藏在话题焦点中。

• 借助外界因素“制造”心理扳机点。

心理扳机点的凸显需要外界刺激，因此当你花了很大的力气都没有找到对方的心理扳机点后，不妨“制造”数个相关刺激，看对方对每个刺激的反应，从而推断出对方的心理扳机点。当谈判陷入僵局的时候，当发现对方的态度模棱两可的时候，当对未来形势的没有方向把握的时候，均可以采用这个方法来寻找心理扳机点。

• 必要时候装作不知道对方的心理扳机点。

人类共有的一种心理现象叫做“隐藏需要”，即在某个时刻，可能是因为焦虑，可能是因为胆怯，可能是因为缺乏安全感，想要将自己的内心想法隐藏起来不被别人发现，如同鸵鸟把头深深埋起来的逃避。

在这个时候，如果心理扳机点被发现，会增加这个人的心理负担和不安感，对于交流和谈判是非常不利的，因此在这种情况下，我们必须要假装不知道对方的心理扳机点，给对方留出一定的自我空间。

总而言之，从寻找对方的心理扳机点，到为实现双赢而努力说服对方，再到最终实现“一方捧着钱让另一方收下”的美好局面，这是一系列连贯紧凑的心理活动与动作，期间的每一个环节都缺一不可，需要读者在实践中仔细揣摩。

小故事

甲：要到夏天了，我得要老爸给家里添置一台空调才行。

乙：那么他同意吗?

甲：先没有同意，后来就同意了。

乙：为什么?

甲：因为我把家里的两台风扇故意弄坏了。

乙：你老爸没有说修风扇啊?

甲：说了啊，他说修风扇太热，只有买一台空调在家里吹着空调修风扇。

乙：……

自来熟是一种天分吗

在你的身边，是否有这样一个人，他/她似乎总是跟集体中的每个人有一种热络的关系，他/她在各种聚会的场合总是像一个组织者或者主人一样表现得大方得体，他/她在陌生人面前不会觉得尴尬或者害羞，他/她可以和才认识的新朋友像老友一样谈天说地开怀大笑……这样的人，就是我们通常所称为的“自来熟”。

有人欣赏自来熟的人，觉得这是一种与生俱来的优势，可以帮助他/她获得更成功的人际交往；有人对自来熟的人不置可否，认为这只是一种处世习惯，无所谓好坏；也有人对自来熟的人不屑一顾，看不惯这种人刻意的讨好巴结和虚伪做作。

可是，不管我们对自来熟的人抱有怎样的看法，有一点却是不可否认的：在崇尚人脉的现代社会，在人际交往与人际关系越发重要的今天，自来熟的人确实有他独到生存法则，也确实可以为他/她的工作生活带来一定程度的便利。

或者可以换个说法，自来熟的人更善于为人处世，更会做人。同时，自来熟可以帮助说服者在说服别人的过程中占得先机，这是同样显而易见的道理。

前美国电报电话公司总经理杰佛德就是一个典型的自来熟的人。在杰佛德担任公司总经理期间，这家由电话发明人贝尔于1877年创立的公司正面临巨大的业务压力。当时美国司法部依据《反垄断法》将公司拆分成一个母公司和七个子公司，使公司的竞争力急剧下降，美国电信行业从此进入了竞争时代。

面对这样的逆境，仍担任母公司总经理的杰佛德试图摆脱，却一直苦于没有办法。直到这年的圣诞节，机会终于来了。按照惯例，公司在拆分之前一直都有举办公司圣诞节聚会的传统，当年虽然拆分了，但是这样的传统仍延续了下来。于是，杰佛德决定在这个聚会上做些什么。

杰佛德提前一个小时到达聚会现场，与现场的普通员工们热切交流，与他们共同参与会前最后的组织工作，甚至亲自为发言台上的献花修枝剪叶。聚会开始后，大家玩得很投入，杰佛德却一点儿也没有闲着。距公司拆分后已有大半年的时间，各子公司的高层已加入了很多新面孔，杰佛德就一直忙着递自己的名片，与几乎所有的新任高管聊天、喝酒，就像认识多年的老朋友一般。

在聚会的最后，杰佛德拿出事先准备好的演讲稿，进行了一段简短但激情四溢的演讲，号召大家凝聚起来，公司还是这个行业永远的垄断者。台下无不为杰佛德所感动，那些才与杰佛德认识的高管们，亦向杰佛德投去赞许的目光。

后来，虽然美国司法部继续将公司从事设备研发制造的两个业务线分离出去，母公司甚至只保留了通信业务，杰佛德也从公司退休，但杰佛德当初建立起来的企业文化仍延续了下来至今。现在，美国电报电话公司仍是美国最大的本地电话和长途电话公司。

正是因为杰佛德的在圣诞节聚会当天表现出的与员工们、与新任高管们的自来熟，使得杰佛德在说服公司同仁们团结一致的演讲中取得了事先支持，才能对公司的充满凝聚力和向心力的企业文化建设起到关键的作用。这不正是自来熟极有用的一面吗？自来熟帮助了杰佛德树立起了在集体中的亲和力与权威性。

也许你会说，即使我知道自来熟会为我带来某些好处，我也没有办法做到自来熟。我也知道需要鼓起勇气去跟陌生人交流，但是每当我试图开口的时候，我就犹豫了。我大概是一个天生就不能做到自来熟的人。

可是，事实真的是这样吗？自来熟真的是天生的吗？答案是否定的。

有一个叫乔·哈弗斯蒂的人，曾经是一个不善于表达自己、甚至在陌生人面前会害羞的小职员。他去参加著名人际关系学大师卡耐基的口才训练班时，告诉卡耐基他希望自己有一天成为“全国房屋建筑协会”的发言人。乔·哈弗斯蒂不仅将自己的理想挂在嘴边，而且他真的说到做到，专心练习，所有的培训课程一节不落，凭借飞速进步的演讲技巧他还成为了培训班的班长。

一年以后，当卡耐基在某个早晨打开《弗吉尼亚向导》的时候，赫然看见一篇赞美乔·哈弗斯蒂的报道，称他在前一天如何完成了一次完美的演讲，并如何和所有的参加演讲的选手及观众在演讲结束后进行了长达一个小时自由交流。

由此可见，自来熟并非天生的，而是可以通过后天的训练逐渐培养起来的。乔·哈弗斯蒂借助教育心理学中的期待效应，即自我或外界冠以强烈被期待的人，往往更容易实现这种期待。所以，乔·哈弗斯蒂最终培养出了自来熟的能力。

由于每个人的成长环境、家庭教育不同，后期工作环境、人际关系网也千差万别，因此，自来熟对于不同的人来说，要求是不一样的。

如果你是一名大学生，你能够在学校舞会中与陌生同学顺利交谈就可称为自来熟；如果你是一名企业员工，在加入这个企业的第一个星期便能准确无误地叫出每个同事的名字并和他们有过交谈经历，就已达到了自来熟；如果你是公司高管，那么在每一次行业聚会中与其他公司的高层人员互递名片并建立起一定程度的私交，也可称为自来熟。

总而言之，自来熟不是一种与生俱来的天赋，而是后天可以培养的能力，是一种在人际关系中及其重要的能力，是在说服别人的过程中占得先机的能力。如果想成为人际交往高手，如果想增加自己说服别人的成功率，那么务必要培养这种能力。

小故事

甲：班里转来了一个新同学，才半天时间就跟大家打成了一片。

乙：他的长相很出众吗？

甲：没有，一般吧。

乙：那大家怎么都喜欢他呢？

甲：因为他给全班每人一颗糖。

乙：一颗糖就把你们收买了？

甲：他说这是他那个开糖果厂的老爸新推出的一种糖，请大家试吃。他老爸马上就要推出蛋糕了。

乙：……

“教主”的话为何能引领世界

已故的苹果公司前任CEO乔布斯，被他的粉丝亲切地称为“教主”，他的巨大影响力从他在27年的时间内总共七次登上《时代》周刊的封面即可看出。中科院研究生院硕士、美国得克萨斯科技大学博士、中国宽带产业基金现任董事长、联想集团独立非执行董事田溯宁曾这样形容乔布斯：“他光芒万丈，高山仰止。”

这位成就与辉煌堪比比尔·盖茨的发明家、企业家，如同金庸笔下那些叱咤风云的武林教主操纵手下一般，亦如宗教创始人或最高领袖指引他的教徒一般，有着难以抵挡的功力。

从2001年乔布斯预见到音乐领域即将发生的变革——传统的音乐产业利润下降，相比购买CD唱片，音乐爱好者更愿意从互联网上下载音乐作品——从而推出iTunes开始，到同年推出的iPod，再到2007年推出的iPhone，再到2010年推出的iPad，他的一大批仰慕者、众多投资者、无数的音乐爱好者，数以亿计的电影爱好者和数字化时代的年轻人，都被这些产品的神奇前沿的力量所征服，纷纷购买这些产品。

从来没有哪个品牌能达到如此辉煌的成就，如同从来没有哪个企业家能达到乔布斯的这般影响力。

除了苹果公司的产品本身的近乎完美以外，乔布斯的个人魅力对促进苹果产品的销售也起到了无法估量的作用。这种个人魅力，即是指个人的气场，所散发出的潜移默化地影响他人的情感、活动的气质。

在说服心理学中，人格魅力占有重要的地位。若要获得别人的信任与信服，首先需要塑造自身的人格魅力。

提到鲁豫，相信大家都不会陌生。这个被誉为“中国的奥普拉”（美国脱口秀女王）的主持人，以非凡的语言天赋、标志性的发型、知性的气质、极快的反应速度、极具亲和力的主持风格成为中国主持界的一朵奇葩。在每一期的《鲁豫有约》中，她总是能让嘉宾们说出自己的故事。即使嘉宾跟鲁豫打太极，只要是在要求合理的范围，鲁豫也总能成功地说服嘉宾，从他们的口中“套出”想要的答案。而这一次次的成功，都得益于鲁豫独特的人格魅力。

那么，个人魅力与说服之间具体又有怎样的关系呢?

美国心理学家凯文·霍根层做过这样一个实验，可以看出个人魅力与说服之间的关系。

凯文·霍根和他的一位朋友均扮演成为挑选婚戒的准新郎，不同的是，凯文·霍根穿着笔挺西装、配搭名贵的手表、得体的谈吐，而他的朋友则穿着牛仔裤和T恤，甚至故意做出一副吊儿郎当的样子。

他们各自去了5家不同的珠宝店，并记录了等候被接待的时间，以及在店员展示戒指的时候试图说服店员“在没有保安人员在场，你可以从保险箱中取出最高价值多少的钻石给我们欣赏”后，获得欣赏的钻石的价值。

最后得到的统计结论是，在西装革履时，他们等待的时间比穿牛仔服时足足少了1/3；当穿着西装的他们要求欣赏店中最贵的钻石时，店员拿出的钻石价值比穿牛仔服时高出整整5倍。

很明显，在正常人的审美观念中，西装革履、名表与得体的谈吐对个人魅力是加分的，相反地，牛仔服、T恤和吊儿郎当对个人魅力是减分的，从店员们的不同态度可以看出，较高个人魅力人获得的“优待”明显高于较低个人魅力的人。

也就是说，个人魅力与说服对方的成功率在一定范围内是成正比的，个人魅力越大，说服对方的几率则越高。心理学中的光环效应也可以很好地解释这一点，即个人魅力成了这个人的一种光环，决定了他在更多人的面前都可以获得“这是一个魅力四射的人”的评价。

相信阅读本书的读者，肯定是希望培养自己的个人魅力的。下面，我们就从以下几点来详细讲解如何培养个人魅力。

• 注重自己的仪表。

相信读者都知道，在心理学中有一个第一印象效应，即初次见面时给对方留下的印象是最为深刻、最难以改变的。面对陌生人，你无法在短时间内向他展示你的全部优点，因此，你只能通过自己的外表向对方传达一种“我很优秀”的信息。同时，注重自己的仪表，也是尊重他人的表现。

• 增加自己的内涵。

“腹有诗书气自华”是亘古不变的道理，一个人只有积累了丰富的学识才能由内而外散发出富有底蕴的内涵。否则，在光鲜亮丽的外表下，是一个空虚肤浅甚至粗俗的内里。为什么林徽因可以被评为“民国四大美女”，就是因为林徽因除了美貌之外，还有深厚的文化艺术修养，为她的个人魅力加分不少。

• 学会使用恰当的肢体语言。

当一个人与你交谈时，如果他一动不动，相信你会觉得这个人比较古怪；如果他不停地指手画脚，相信也会引起你的反感。恰到好处的肢体语言，会使谈话的过程更加愉悦。曾经有人做过这样的调查，在与一个肢体语言恰到好处的人交谈时，人们会觉得谈话时间比实际上的至少要短30%。

• 学会随机应变。

无论是在何种场合，受到大多数人喜欢的，永远都是那种知道在什么情况下做什么动作最合适的人。这种人的存在，会带给周围的人很舒服、很自然的感觉，周围的人会很乐意与你相处，自然你的个人魅力也就得到了别人的认同。

如果你也能像“教主”乔布斯一样富有人格魅力，那么在职场及生活中用一句话“操纵”很多的愿望就有可能实现。同时，你会发现你说服别人的成功率已在不知不觉中得到了极大的提高。

小故事

甲：明天是我爸妈结婚20周年纪念日。

乙：他们打算怎么度过呢？

甲：他们要我彻底消失一天。

乙：为了享受纯粹的二人世界？

甲：不是的，你猜他们怎么说的？

乙：他们说有你在不方便？

甲：他们说想回味一下曾经没有我的时候，他们是多么的快乐。

乙：……

吸血鬼的神奇魅力

吸血鬼，又被称为血族，是西方世界里著名的魔怪，他们的出现要追溯到16世纪西方的科幻小说中，包括拜伦、大仲马、狄更斯等大作家在内，都曾写过关于吸血鬼题材的文学作品。

而在电影艺术家的眼中，吸血鬼通常都是英俊美丽的。他们有着轮廓分明的精致五官，如雪般的瓷白皮肤，干净修长的手指，健美匀称的身材。他们虽然与人生活在同一个世界，但是他们却栖息在墓地和棺材，因而具有神秘的气质。

但是，吸血鬼最大的魅力并不仅仅源于他们高贵的外表，而是源于凡人成为吸血鬼的过程，这个过程称为“初拥”——凡人必须首先被一名吸血鬼成员吸取身上的全部血液，然后接受这名吸血鬼反刍出来的血液并灌注全身，这名凡人才可成为新生的血族成员。

在“初拥”之前，几乎所有的凡人都会被吸血鬼所描述的美妙的血族世界所吸引，憧憬着成为吸血鬼后的长生不老，因此才心甘情愿地用自己的鲜血去喂食对方。这便是吸血鬼身上最神奇的魅力——说服凡人成为他们的一员。

虽然关于吸血鬼的故事只是杜撰，但是，我们仍然可以从杜撰中找到关于说服心理学在里面的应用之处：当你试图说服别人答应你一件对你来说明显有利对他来说明显不利的事情的时候，你可以适当添加对这件事的美好一面的描述，而适当忽略这件事不怎么美好的另一面。

需要注意的是，这里所说的并非指你要添油加醋甚至隐瞒欺骗你的说服对象——实际上我们相当不建议你这样做，因为这样很容易造成意想不到的结果，不仅导致整个说服过程终止或无法收场，甚至还会对你和你的说服对象的后期相处带来更坏的影响。

这里的建议其实用到了一个心理学的原理增减效应——在人际交往中，人们通常喜欢那些对自己的喜欢显得不断增加的人，而通常不喜欢那些对自己的喜欢显得不断减少的人。我们建议你做前者，向你的说服对象不断表达你对他/她的喜欢，比如向他/她描绘比他/她所希望的更美好的情况。

可以在下面这个例子中学习“增减效用”的应用。

在公司的年终总结大会上，上司要求每个人对他这一年来的工作做出评价，且评价必须褒贬兼顾。如果你真的老老实实地先说上司的优点，再说上司的缺点，那么我告诉你，很不幸你下个年度的薪资可能不会如上司向你所承诺的那样上涨25%。根据增减效应，你应该先说上司一些无伤大雅的小毛病，再有条有理地详述他的优点，这样上司会觉得你的建议既中肯又没有溜须拍马的嫌疑。

你只需向自己保证，你不会由于急于说服对方而越过道德的准则，说出一些夸大其词的言论，那么你就可以像吸血鬼说服人类完成“初拥”一般，进行自己的说服过程。此外，说服对方过程，本身就是一个博弈的过程，恰当的语言技巧是并不是任何值得羞耻的事情。

关于职场人士如何说服你的上司，有这样一段著名的言论：在上司考虑的诸多因素中，凡是对你说服他有利的却被他遗漏的，你就提醒一下；凡是对你的说服有利的却被他忽略的，你就强调一下：当上司全面而充分地考虑到了对你的说服有利的因素，自然就会很容易被你说服。

以中国现在大量的旧城改造为例，为什么会出现那么多开发商强拆住房、钉子户死守旧宅的局面，就是因为双方没有在这个互相说服的博弈过程中正确地运用“吸血鬼的魅力”。

站在钉子户的角度，他除了这个住房没有其他的安身之处，以此他只能坚守自己这“一亩三分地”；站在开发商的角度，问题就没那么简单了。开发商要拆房子，首先肯定要说服房子的主人，如果房子的主人不同意，肯定是因为他所希望的赔偿没有得到满足。

这时，开发商就可以运用“吸血鬼的魅力”了：向房主强调拆迁后他可以获得的利益并将之极大化，同时一步步地增加这些利益，并在必要的时候做出适当的承诺——相信以开发商的资金实力，兑现这样的承诺并非难事。当这些工作都做到位之后，钉子户肯定会立马跟开发商达成拆迁协议，问题就可迎刃而解了，怎么还会出现强拆这种劳民伤财的事情呢？

《史记》有云：“天下熙熙皆为利来，天下攘攘皆为利往。”无论是官场中的明争暗斗，还是职场的尔虞我诈，或是生活中的营营苟苟，无非都是为了一个“利”字。而说服对方的过程，其实也就是一个追求利益平衡的过程。当采用传统手段不能达到利益平衡的时候，偶尔使用“吸血鬼的魅力”也是一个退而求其次的策略。

最后，需要提醒读者的是，我们也要尊重中国社会的基本道德准则，说服只是一种达成合作的手段，我们都不希望它成为日常生活中钩心斗角的较量场。

小故事

甲：我和女朋友明天要去看电影。

乙：你们看什么电影呢？

甲：她想看爱情片，而我除了爱情片什么都可以看。

乙：那你们怎么统一意见呢？

甲：最后我妥协了。

乙：为什么？

甲：当她知道我想看科幻片时，说了一句你对我的爱情难道还不够科幻吗……

乙：……

第三章

说服对方前，要先看透对方想说什么

语言有假，眼神是真

在与人聊天、说服他人的过程中，其中的内容真真假假、虚虚实实需要我们去作出客观判断。只有看透对方的真实意图，才能更容易地说服他人。“眼睛是心灵的窗户”，它通向内心的真实世界，可以带给我们各种信息。如果善于观察人的眼神，就等于学会了识人术。

生活中，我们可以先通过眼神来观察别人，洞悉了对方真实的内心世界后，再选择合适的方式说服他。

李琴是位德高望重的老师，学识渊博，脾气也好，但就是不会看人。尤其在社交场合，显得被动极了。

她老公常常提醒她，要看人说话，不能傻老实，得罪了人还不知道。

“可是我就是不会看人，我也不知道对方所说的话是真是假。”显然李琴在这方面反应比较迟钝。

“看人说的是不是实话，要看他的眼神，我告诉过你多少次了！”老公真拿她没办法。

周末，有位女学生来拜访她，女学生非常会来事，几句话就说得李琴高兴不已。

“你真懂事，你爸妈把你教育得真好。”李琴拿出西瓜来招待她。

“哪里啊，”女同学眼睛滴溜溜地转，“我能碰见你这么好的老师才是运气好，德高望重，又和蔼可亲。”

“你真会说话，我真是越来越喜欢你了。”

“那个，老师，我的考试成绩不太理想，你能不能不要让我挂科？”原来这才是女学生来拜访的真实意图。

“这个不行，这是学校的规定，我不能违背。不过我这么喜欢你，可以给你补习功课。”李琴没有注意到对方忽然暗淡的眼神。

“嗯，好，谢谢老师，我先告辞了。”女学生准备离开。

“好，欢迎再来。”

女学生走后，李琴的老公出来说：“这个女孩子太刁钻了，以后别让她来了。”

“你怎么知道？”李琴听老公这么说非常不高兴。

“她的眼神闪烁不定，时而黯淡，时而闪烁，看起来很狡黠。”李琴的老公一直在观察这个女学生。

李琴半信半疑，果然，没过几天，她就从其他老师那里听到女学生到处在说她坏话，说她最喜欢别人恭维，是个没主见的老师。这件事把李琴气得半死。

生活中有很多像李琴这样的人，在跟人交往时，难分真假，不懂识人，经常陷入被动。

我们内心深处的想法都能通过眼神体现出来。古代就有人说过，心内中正的人，眼神就纯正：心术不正的人，眼神就透露着邪恶。因此，读懂他人的眼神就相当于看透了对方的内心世界。

很多事实都证明，观察别人的眼睛，是了解他人的最好方法。很多交际高手，往往透过一个眼神就能洞察别人的心思，这让他们在交际中一直处于有利地位。除了眼神可以流露真情之外，一些小动作也是不能忽略的。眨眼、上扬、下垂、挤眼睛等这些小细节都是不容忽视的，结合当时的情境，仔细观察，你会更了解他人的想法和意图。

眼神的力量的确是巨大的。有些人，当别人看到他严厉的眼神时，就不敢接近他，更不敢说重话。这些都能证明眼神的力量是巨大的，蕴藏着许多心思和想法。

总之，一个人的性格和心事都能从对方的眼神里看出来，他们的喜怒哀乐等都能通过眼神表达出来。如果自己不会捕捉，那只能证明你不懂得识人，不懂得成熟的交际。

眨眼是我们正常的生理需求，眨眼可以让眼部保持湿润。当一个人焦虑、惶恐，眼神飘忽不定时，证明他内心非常不平静，往往就会通过高频率的眨眼来缓解。如果在交际中看到这样的人，最好还是远离为妙，也不要深信他的话。

平时在和他人谈话的时候，如果对方的眼神灰暗不明，毫无光泽，这时就要懂得适可而止了。因为这表明，对方现在对你说的话不感兴趣，感觉很无趣。如果还是坚持说下去，只能引起别人的反感。

相反，如果对方的眼神豁然变得明亮，这就证明他非常想听你说话，或者你的话说出了他的心声。这时，应该乘胜追击，好好表现，如此更容易赢得对方的好感。

马丽是个大龄剩女，相过很多次亲了，但都没有成功，很不如意。但很多的相亲经历也使她练就了一双火眼金睛。

周末，妈妈又给她安排了一场相亲，对方条件非常好，她心里觉得自己肯定没什么希望。

在交谈中，她表现得非常自如，一点也不拘谨。没过一会儿，马丽就发现相亲对象眼神忽然放起光来，非常吸引人。于是她知道了，对方对她也很有好感。之后，她继续好好表现，最后成功征服了对方，终于告别了单身贵族的行列。

眼神里蕴藏着无数玄机，只要你懂得捕捉，就能窥探到他人的真实想法，就能更好地主宰对方的思想，占据有利的位置。

在交际中，我们要少做挤眼的动作，这不仅容易产生暗示，还非常不礼貌、不友好。通常用眼神暗示别人，意味着已经和对方达成了共识，在别人看来是一伙儿的。看到的人会感觉自己是被疏远和孤立的。交际时，最好收起这样的行为，避免为自己树敌。

同时，当我们看到这种现象后，心里要有数，不要再反驳对方的意见，最好的方式就是沉默、不理会，保全自己。

谈话时不喜欢看着对方或者直接把眼睛闭起来的人，往往都心高气傲，眼高于顶，甚至有些目中无人。跟这样的人交往时，要小心谨慎，他们往往心眼小、报复心重，不必为了小事得罪他们。

还有，在交际中，如果对方的眼神透露出安静，则表示他心中有数，甚至已经成竹在胸；如果眼神散乱，没有焦距，则说明对方内心焦急，毫无主意；如果对方的眼神比较阴沉，说明他心中有诡计，交往时要万分小心；如果对方眼神下垂，则表示他不感兴趣，要赶紧转换新话题。

在跟人交往时，目视对方是种礼貌，同时也是我们获取对方内心信息的重要手段。平时我们要培养观察他人眼神的意识，学会通过眼神识人的本领。

小故事

甲：你头上的肿块是怎么回事？

乙：我上午走进一大厦，门口有个公告，因为我近视，就凑近去看。

甲：那告示上写的什么？

乙：门，向外开。

甲：……

听弦外之音，领悟对方真实想法

在交际中，很多话都是不太方便直接说出口的，这时善于听出他人的话外之音就非常重要了。只有明白对方的真实意图，才能满足对方的需求，从而更容易说服他人，达到自己的目的。

在交际中要想会“说”，就必须先学会“听”，不懂对方的真实意图，你的话就显得苍白无力，甚至不得章法。

张华是一名音乐老师，小提琴拉得尤其好，在她的熏陶下，10岁的儿子也非常喜欢拉琴，班级里的同学都叫他“小小音乐家”。

“妈妈，我们学校下个月会举办联欢会，我要努力练习，到时候才能发挥稳定。”儿子说得信心满满，张华很高兴。

“嗯，好，你要勤加练习，但是一定要早点睡，不能太晚，影响第二天上课。”

儿子假装答应了，但他每天晚上都会关着房门偷偷在屋里练习。

有一天，他们正在吃晚饭，楼下的张阿姨上来了，她跟张华絮叨了一会儿说：“你们家孩子真努力，晚上10点多还练琴，发出叮叮当当的响声。”

“哦，真不好意思啊，打扰你了。”张华听出了张阿姨的话外之音，赶紧表示道歉。

张阿姨走后，张华训斥儿子道：“你为什么半夜三更的还要练琴？妈妈不是说过10点要睡觉吗？你看，张阿姨都找上门来了。”

“我就是想练琴，这关张阿姨什么事啊？张阿姨都没有说什么，还表扬我努力呢。”儿子丝毫不以为意。

“张阿姨的意思是你打扰他们休息了，你没听懂大人的话外之音。”张华告诫儿子，晚上再也不许练琴了。儿子一听是这么回事，就听话了。他第一次意识到，原来大人们的话里还有弦外之音。

张阿姨上来夸赞张华的儿子，只是碍于颜面，不好意思说被打扰了，只能通过话外之音间接表达。如果张华听不出来，就无法正常交际沟通了。

在生活中，我们要善于捕捉他人的弦外之音，否则很容易因为理解错误而得罪人，给自己带来不必要的麻烦。

我们通过语言沟通，有的语言是直接的，有的是间接的，有的还非常隐晦，如果我们没有捕捉到对方的弦外之音，没有揣摩能力，就无法进行正常的人际交往。如此，只会在交际中越来越落后，越来越不被他人认可。

有些人一遇到挫折就开始抱怨，人心不古，或者说被他人欺骗了。其实通常是他们不善于捕捉别人的话外音。很多人其实在一开始就发出了拒绝信号，但不好直说，只能暗示，只是你自己没意识到而已。

其实这些都不能怪他人太“狡猾”，中国人说话本来就比较含蓄，在人际交往中更是如此，想要学会“礼尚往来”，最好的方式就是善于听懂他人的话外之音，然后用同样的方式跟人相处，如此你会更容易融入交际。

通常讲话外音也是有技巧的，对方不会无故说起。平时听人说话时，一定要留意这些方面，结合当时的环境和语境来参透对方的真实意图。这是话外之音的实质性问题，每个人都需要注意。

下面我们具体来说一下，要如何参透对方的话外之音。只有掌握了必要的技巧，说话才能更得人心，才能更容易说服对方。

首先，要学会判断对方在什么时候最容易话中有话，我们需要格外注意这个问题。我们要学会换位思考，站在别人的立场想问题，不要单单凭借自己的主观意识来判断。

其次，我们还要了解说话外之音的技巧。一般情况下，话外之音都包含了暗示和映射，还有一语双关等技巧。如果我们深入了解这些，在言谈之间就更容易明白他人的真实意图。

还有，要注意结合当时的具体情况，环境不同，每句话的含义也不一样。如果是相熟的朋友，我们还可以结合他的脾气秉性来判断，如此听出话外之音才更有保障。

张静昨天刚买了一身漂亮的新衣服，于是今天高兴地穿上找好朋友方悦一起逛街。一上午，她们几乎逛遍了整个市中心的商场，心情大好。

“太累了，我们去咖啡厅坐会儿吧。”方悦穿着高跟鞋非常累，于是提议先休息一会儿。张静欣然同意。

张静从厕所出来之后，一不小心跟端咖啡的服务生撞了个满怀，咖啡全部洒在了张静身上。

虽然不是服务生的错，但他还是赶紧道歉。

张静很生气，不依不饶地责备服务生，连方悦都听不下去了。

“小静，微笑是你最好看的表情，你忘了吗？”方悦这么一说，张静不做声了，她显然听出了方悦的话外之音，说她发怒的样子很丑。

就这样，一场风波平息了。

张静虽然生气，但她很聪明，立刻听出了朋友的话外之音，停止了发飙，及时挽回了自己在朋友心目中的形象。

最后，如果细心观察，你会发现别人在说话时有很多明显的信号。如果你不懂得察言观色，就要记住这些信号，以备不时之需。

在交谈过程中，如果对方的语气忽然变了，就很有可能包含了话外之音，要及时揣摩对方的意思；如果说得正尽兴时，对方忽然默不出声了，此刻多半也含有了话外之音；当对方一直翻来覆去重复某些话时，多半也是在暗示我们听取话外之音。

有些人，说话非常含蓄，遇到关键问题就支支吾吾，欲言又止。其实，他们是在等着你明白话外之意，此刻要多深入地了解。

不仅如此，我们也要观察对方的行为举止，很多话外之意都可能会通过肢体动作暗示出来。因此，在说话中，如果对方有特殊动作或者直接作出暗示举动，我们要会意，跟对方进行深入沟通，了解真实意图。

俗话说得好：“天下难事出于易，天下大事出于细。”有些人之所以能听出别人的话外之音，无非就是注意了细节问题，善于体会，懂得察言观色。平时交际时，我们也要有意而为。

进入社会这个生活圈，你会发现交际是非常重要的，不懂交际难免会被人算计，甚至被人瞧不起。很多人因为听不懂他人的话外之音而被当作“傻子”，事事不如人。

所以，我们要懂得听懂话外之音的重要性，认真领悟和揣摩他人的心思，明白对方真正的意图，你会发现，很多人会把你当作知己，自然也更愿意与你往来。当你能听懂他人的弦外之音，领会对方的意思，想要说服他人，达到自己的目的，也会显得容易很多。

小故事

一个明星去女儿学校讲话，受到学生几次热烈掌声。

父亲：老爸演讲的很棒吧，受到你们学生热烈的欢迎，那么多掌声。你应该很骄傲吧？

女儿：告诉你一个秘密，在我们学校，每次同学鼓掌特别起劲，就是希望那个演讲的人赶快结束。

父亲：……

语速当中，听出情绪的变化

在跟人聊天时，如果对方的声音温和悦耳，语速不急不慢，听者会感觉非常舒服，忍不住想要亲近；如果对方声音尖锐，语速惊人，我们会感觉很讨厌，因而给人的印象不好。由此可见，声音也是判断他人性格和情绪的重要依据。

在沟通中，尤其是谈判时，很多人都会通过语调语速的变化来判断对方的情绪和心理，从而掌握主动权。如果我们无法从其他方面看透别人时，不妨可以利用声音来判断。

李明明是保险公司出了名的老好人，性格温和，说话不紧不慢，总是一脸微笑。她在公司待了很长一段时间了，从来没人看到过她发脾气。有时跟人拌嘴，也很难听她说出难听的话。

正因为如此，李明明在跟客户交谈时，总是很难占据上风，经理对她很不满意。

明明也感觉很苦恼，很多客户都摸透了她的脾气秉性，从她的声音中就能知道，无论如何她也不会发脾气，也不会据理力争，所以大家都有恃无恐。

“明明，我觉得你就是脾气太好了，所以大家都不把你放在眼里。”公司里的一个老员工提醒明明。

“可我脾气就这样，怎么改啊？”

“人家都说禀性难移，是有道理的。你在跟客户谈判时，可以改变自己的语调和语速，如此一来，客户会觉得你也是有情绪的人，这样他们就会‘惧怕’你。”

明明觉得有道理，于是决定试一试。

在跟客户谈单子时，明明中气十足，口气很强硬，语速也比平时快一些。客户不停地反驳明明，这次她没有再好言相劝，而是掷地有声地说出了自己的意见，看起来非常强势。

客户一听，觉得明明态度强硬，就没有再提无理要求，而是和颜悦色地跟明明商量，怎样才能让双方都获利。

之后，明明进行了总结，她深刻地意识到，声音变化能透露出个人的情绪。推己及人，之后在跟客户谈话时，她也经常凭借声音来探究对方的情绪，通过掌握对方情绪的变化，转化对策来说服。如此一来，明明的谈判功力增强了很多。

说话时的语调和语速都暗藏着情绪，声音是根据个人的情绪变化而变化的。有些科学家，就是通过一个人说话的语气来研究对方当下的情绪的。如果能及时判断出对方的情绪，我们就能立刻调整说话的方式和内容，说服对方。

在说服他人的时候，如果听出对方的声音忽高忽低，变得不耐烦了，聪明的人会立刻察觉，然后尽快结束话题，或转到一个对方感兴趣的新话题。这样在说服的过程当中，就不会处于被动当中。

声音为什么会这么重要呢？其实也不难理解，人的声音系统组成是非常复杂的，是一个很特别的存在。动物的嘶吼都是来自本能，但人却不一样，它是思想交流的工具。在说话时，感情、情绪、性格等都会不自觉地流露出来。所以，听语速和语调就能判断出情绪。

俗话说："听话听音，浇树浇根。"通过语调就能听出人的情绪。语调比语言更具个人特色，语调和语速会随着情绪时刻变化。反过来，一个人当时的情绪也决定了他的说话口气和对事物感情的浓淡深浅。

在平时，如果我们看到别人生气了，态度肯定会变温和，或者不再说话。很多时候，生气都不是看出来的，而是根据对方的声音变化察觉到的，从而调整自己。

那么，不同的语调和语速到底代表着怎样的情绪呢？下面我们来具体看一下。

当一个人的语调变轻，语速变慢时，说明对方底气不足。这类的人脾气比较温和，心胸宽广，平时也能接受他人的意见。其缺点是不能坚持自我，容易受他人影响。属于多愁善感类型。

感觉到对方底气不足时，我们就可以适时地说出自己的交际目的，对方更容易接受。

当别人的声音听起来清脆悦耳，轻快干脆，就证明他心情大好，心中的喜悦很自然就会表现了出来。这时跟他们交流，什么话都能说，因为对方心情好。

在说服时，当对方的声音变得温和，语速变缓慢，听起来温暾暾的，则说明对方的心情平和，没有什么起伏，也能说明对方对你的话不感兴趣。如果这样，就不要再继续说问题，说得越多，对方越不耐烦。还不如先停下来，等有机会了再继续说，效果反而会更好。

张玲平时爱好写作，大部分的业余时间都花在了这方面，用她的话来说，写作是她的梦想，是让自己感觉充实饱满的必要存在。

在一个交际场合，她偶遇了自己的偶像作家，当时非常激动，她立刻走过去跟对方打招呼，非常热情地介绍自己，说自己是对方的粉丝。

张玲想，这是一个很好的学习机会，于是她就开始询问对方写作技巧问题，说了一会儿，对方的声音开始变慢，语气也很低沉。虽然还在跟张玲交谈，但声音已明显透露出了不耐烦。

"很高兴跟您谈了这么多，希望以后还有机会请教。"张玲立刻主动结束了话题。作家自然很高兴，给张玲留了名片就离开了。

很多人在交际时只注意自己的情绪，总是一头热地表达自己，这样很容易让对方反感。只有学会了体察对方的情绪，才能合时宜地跟对方交谈。

还有，如果某人的声音忽然由平稳转向了高亢或尖锐，就证明有人触碰了他的底线，使他的情绪出现了很大波动，如果是自己没说对话，就赶紧停止，或跟对方道歉。

值得注意的是，如果对方的语气变得愤怒强硬，我们最好不要以硬碰硬，冷静下来，选择其他方式进行温和的交流，减少不必要的矛盾和冲突。

由以上内容我们不难看出，声音里面也有大学问。学会通过语调语速来观察别人的情绪，就能及时调整自己的说话方式或谈话内容，让交流变得更和谐、更高效。

不要自顾自地说，要顾及别人的情绪和喜好，不要别人已经不耐烦或很生气了，你还在滔滔不绝，这样的人，是无法让他人喜欢的。

在交际中，声音也是留给他人的第一印象，我们不仅要善于体察他人的语调语速变化，摸清他人的情绪变化，也要注意自己的声音，尽量给人良好的印象，同时避免让声音过多透露自己的情绪。只有做到这样，在说服对方的时候，才可以立于不败之地。

小故事

甲：你知道吗？男女的说话速度还有心跳速度等很多东西都不一样。

乙：都是人，怎么可能会不一样呢？

甲：你不信？好，咱实验一下，我把手放在你胸口上帮你数下心跳，等下你帮我数，看次数是否一样。

乙：我心跳多少？

甲：别说话！我刚数到60，你一说话打断我了，我得重新数！

乙：……

肢体会出卖一个人很多的信息

人不经意做出的肢体动作反映出了当时的心理活动，心理产生变化时，通常都会通过肢体语言来表达。虽然我们无法看透对方的大脑，但通过肢体语言，也能了解对方的内心想法。

他人的语言也许会欺骗我们，但肢体动作却很真实，如果我们能捕获身体上的密码，就能更准确地认识他人，更容易地说服他人。

丁磊是家上市公司的面试官，他在这个岗位上已经工作了好多年，在识人方面可谓非常有经验。

“我通过对方不经意的肢体动作，就能清楚他们的为人。”丁磊跟朋友说得非常自信。

据丁磊回忆，一个来面试的小伙子本来准备得非常充足，但因为第二天下雨了，路上堵车严重，小伙子来到公司之后，浑身都湿透了，显得狼狈不堪。之前记住的面试知识，瞬间一扫而空，大脑一片空白。

小伙子是当天第一个面试者，丁磊坐定之后，小伙子几乎不敢直视他，还一个劲地用手摸鼻子，几乎停不下来。

丁磊一看就知道他非常紧张：“你一直摸鼻子，是不舒服吗？”

“我……我没有。”小伙子语无伦次，想停止自己下意识的动作却无法控制。

其他的面试人员有些不耐烦，之后丁磊就问了几个无关痛痒的问题。

“今天的面试就这样吧，回家等着我们的复试通知。”丁磊轻描淡写地说，其实就是在好意敷衍。

小伙子沮丧地出去了，他自己也知道没有希望了。

“就这样把人给拒绝了，会不会太武断？”朋友有些难以理解。

“很多人都这样问，其实不会的。在我们的位置上待久了，完全可以从对方的肢体语言中看出很多信息。他一直摸鼻子，是非常不自信的行为，这样的人，大多数的公司都不喜欢。”

对于丁磊说的这些，朋友仔细想想，觉得确实是这么回事。

丁磊观察人的经验非常丰富，从面试者的肢体动作就看透了对方，实在是让人佩服。小伙子也很值得同情，因为肢体动作透露了自己的弱点而失去了获得工作的好机会。由此可见，一个人的肢体动作中真的包含了非常丰富的信息。

肢体动作包含了丰富的语言，它包括姿态、手势、面部表情等，是公认的体现真实内心世界的语言，在社交中懂肢体语言是很有必要的。

在交际中，不管出于什么目的，很多人都会给自己戴上一张面具，有时是出于欺骗，有时是出于防卫，如果我们只被对方的表象所迷惑，就难以摸准其内心，看透其性格，不利于跟对方进行深层次交流。如果我们可以了解对方的肢体语言，就能有更准确的了解。

对于一些社交高手，在交际过程中，就算对方一句话也不说，他们也能从其举止行为中了解对方的真实想法。

肢体动作还分为真动作和假动作，真动作是一种很自然的真情流露，假动作则是一种掩饰。很多说谎者都喜欢用假动作来欺骗人或掩饰自己的不安。

其实，纵使假动作做得再自然，也还是会露出破绽，毕竟它与内心的真实感觉是不一致的。说谎者也许可以骗过不谙世事的人，但对于有经验的社交高手，也只能是欲盖弥彰。

当下，在与人交往时，肢体语言的重要性也越来越明显，能解读他人的体态语，能运用好自己的肢体语言，就能在看透别人的同时正确表达自己，深得他人的欢心和信任。

那些选美小姐，举手投足都得体有礼，她们不用说话，只要站在那里就好像在跟人交流，这都是肢体动作的功劳。由此可见，它能为大家提供相当丰富的信息。

因此，在交际时我们要注意观察这些小细节。

如果在交流中，有人不断摸鼻子，而且一再重复，那么他很可能就是在说谎。当说谎之后，想法会立刻进入大脑，这容易让人感觉不安，于是下意识地就想捂住嘴巴或鼻子，但为了不让动作过于明显，往往就会蹭鼻子，这种动作通常很难控制，会不断出现。

当有人来回搓手，不知道该如何放时，就证明他当下局促不安，或者因为紧张而感到拘谨。这时，我们不妨开个玩笑，来缓解下尴尬的气氛，等对方安定下来再进行交谈。

嘴上的动作也能透露他人的信息。当他人下意识地咬嘴唇时，证明他内心不舒服，也许是有人在无意中触动了他们的自尊心，或损害了其尊严。这类人往往有强大的意志力，做事比较武断，也时常会记恨他人。

当别人的嘴角轻微上扬时，证明他内心高兴，对当前的状况相当满意，心情极好。如果这时说出自己的请求，对方就更容易答应。

手部的活动能力是比较强的，内心很多信息都会优先通过手部动作传达出来。受到刺激时，它会下意识地收缩、颤抖或冒汗。这些下意识的动作通常都难以控制。

当看到对方手掌颤抖、冒汗时，就说明对方受到了刺激，也许是听到了振奋的好消息，也许是忐忑紧张，或者是不敢面对自己的内心世界。结论要通过具体的情境来做明确的判断。

苏珊从小就家境富裕，长大了又嫁了个好老公，一直顺风顺水，周围很多女同学都非常羡慕她。

有一次，老公从国外带回来一些昂贵的工艺品，苏珊就邀请几个好朋友来家里参观，赵敏也是其中之一。

同学们看到新奇的工艺品，忍不住啧啧称赞，喜不自胜。

过了两个小时之后，苏珊发现其中一件出现了明显的裂痕，好像是被摔过了。

“啊，这个怎么坏了？是谁摔的？”苏珊心直口快，一下子就说了出来。

大家都连连否认，谁也没注意。

这时，苏珊看见赵敏站在一旁，极力保持镇静，她的双手不可抑制地微微颤抖。一时间，苏珊什么都明白了。

赵敏家里条件不好，弄坏工艺品后肯定很紧张。

想到这里，苏珊没有追问。一年后，苏珊收到了赵敏送来的礼物，这个礼物跟当初坏掉的工艺品一模一样。

赵敏颤抖的双手出卖了她的内心，让善于观察的苏珊知道了真相。不经意的肢体动作，往往是难以骗人的。

读懂他人的肢体语言也不是一件难事，只要我们勤加练习，善于观察，相信我们也能锻炼出一双慧眼，以便在交际中感应肢体语言的信息和秘密，同时更好地表达自己。

读不懂他人肢体语言的人，在交际中就像在夜间行走，一不小心就会迷路，甚至摔倒。相反，如果读懂了这些信息，交际之路就会变得平坦又明朗。

小故事

甲：你相不相信，我可以吻到你上嘴唇的最中间，但绝不会碰到你的鼻子或身体其他任何部位。

乙：不信，瞎说！

甲：真的。你不信咱们打赌，碰到就算我输！

乙：好啊！赌就赌，谁怕谁！

甲：那你先把眼睛闭上。

乙：闭上了，你亲吧！

乙：啊！你碰到我的整个嘴唇了，也碰到我的脸了！

甲：好吧。我输了！

乙：……

通过表情窥探内心

面部可以做出各式各样的细微表情，微妙又复杂。但也正因为如此，它能更准确地传达内心的信息，反映真实的情感。如果我们能迅速捕捉到，在对方没开口之前就会得到一些有用信息，这对于如何说服一个人来说是至关重要的。

在生活中，每个人都会有“微表情”，它只能持续不到一秒钟的时间，是一种不受控制的、下意识的动作。但这种一闪而过的表情，是最真实的。

邓超家里要盖房子，为了让新家更宽敞，他想稍微扩大一下自己的空间，邻居一看他占了公共部分，自然不干，还告诉他：“你要是敢占地方，我就去告你，你看着办。”

看到邻居这么强势，邓超一时很苦闷。他不敢明目张胆地跟邻居作对，但也实在想让新家宽敞一些。

有人和邓超说：“你可以去请杜老大帮忙，他在我们这里非常横，大家都怕他。请他来助阵，谁也不敢再说什么了。”

邓超一听，觉得是个好办法，于是赶紧拿钱去超市买了很多礼物。

“老大，我想请你帮个忙，”邓超把礼物堆在杜老大面前，“你帮我吓唬吓唬邻居吧，他阻止我盖房子，真是太可气了。”

杜老大是个好吃懒做的人，一看邓超带来的礼物，两眼直放光。

“行，行，没问题，不就是吓唬人嘛，我最会做了。”杜老大收下了礼物，“明天中午我就去给你出气，到时候等着我就行了。”

邓超一听有戏，赶紧表达谢意，高兴地回家了。

一到家他就对邻居放出狠话，说明天中午要他好看。

结果，第二天中午，邓超跟邻居吵翻了天，杜老大也没来。邓超不占理，被邻居骂得非常难听，还差点动手揍他。幸好有人拦住了邻居，邓超才没挨揍。

后来他才知道，杜老大根本就不想帮他，人家跟邻居是远房亲戚，白收了他的礼还不办事。邓超仔细回想，杜老大当时表情淡定而窃喜，一副云淡风轻的样子，他本来就没打算帮忙。是他自己笨，没有及时察觉，赔了夫人又折兵，只能自认倒霉。

如果邓超能及时捕获杜老大脸上的表情，他就不会吃亏上当。杜老大当时一闪而过的窃喜表情说明他在打坏主意，这是很真实的心理写照。

有人说“面部表情是比嘴里讲的复杂千百倍的语言”，如果我们能读懂他人的面部表情，就能明白对方的内心思想。面部表情折射了人物的心理，这是不争的事实，只有学会察言观色，才能及时识别，才能更好地窥探人心。

事实上，那些心细的人，在跟别人交谈时，通过观察就能确定对方是否喜欢跟自己交谈，能否给出满意的答案。神色、表情都是很好的判断依据。

有些人，虽然才华横溢，却总是不得志，很大一部分原因就是识人不明，看不懂对方的真实意图，自然也难以迎合别人，甚至树了敌还不知道。学会看透别人的内心，才能保护自己，才能得到他人的真正认可。

交际是扩大自己关系网的必要手段，在这个过程中，必须练就火眼金睛，善于观察，不错过对方任何一个表情信号，及时发现有价值的信息，为做好交际打下良好的基础。只有这样，才能在交际中实现自己的目标，才能拥有更美好的未来。

有人说“眼睛是心灵的窗户”，那么我们也可以说“表情是心灵的镜子”，我们要做的是，通过“镜子”反射的信息，看透对方最真实、最有价值的信息。

通常，人在惬意、精神比较愉悦的时候，脸部表情是非常放松的，看起来很生动。因此，我们可以通过这些来判断对方心情如何。嘴角轻扬、嘴巴微张，眉梢带着喜悦，等等，这些表情都能说明对方的心情很愉悦。

当一个人悲伤郁闷的时候，脸色通常会黯然，眼睛会失神无光。当我们遇到不高兴的事，心情悲苦沉闷，就会不自觉地凝眉。脸色由于大脑分泌的悲情因子而变得黯然，没有光泽，眼神也不再熠熠生辉。如果你与人交谈时，发现对方表情呈现这样的状态，那你就要懂得适可而止啦。

当一个人脸上的表情夸张而僵硬时，则证明他不是真的高兴或悲伤。真正的开心或悲伤是掩藏不住的，就算一个人伪装得再好，他的表情也会暴露。如果一个人不是真的快乐或悲伤，那么他会下意识地去隐藏真实的情绪。这时他们脸上的表情会表现得很夸张，大笑、大哭或表情僵硬。而且，这种夸张的表情会持续得比较短暂，时间一长，眼里肯定会透露出疲惫或黯然。

除此之外，还有一些具体的表情符号，我们也要懂得。在交谈时，如果对方的嘴角下垂、眼神暗淡，则表示他感觉不自在，很尴尬。

如果对方嘴巴抿紧、鼻孔向外翻，则表示这个人很生气，这时候你要赶紧远离或及时调整紧张的气氛，万不可火上浇油。

在交际中，我们还要善于区分别人的笑容。有的笑容是真心的，有的则不是。当一个人发自内心地笑了，眼角会有轻微的皱纹，佯装出来的笑容通常则没有。

当别人的瞳孔忽然放大了，激动、兴奋、恐惧等都有可能是其情绪变化的原因；当别人开口说话后，立即抿嘴，则表示他对自己的话很不自信，甚至怀疑自己；如果对方脸上惊讶的表情持续了几秒，或眉毛上扬，则表示他不是真的吃惊。

还有一些人脸上几乎是没有表情的，很难捕捉到他们的表情变化。这类人往往都是社交高手，心理素质非常强大，能做到喜怒不形于色。在跟他们交往时，说话做事更要小心谨慎。他们不但善于伪装自己的情绪，还是洞察他人表情的高手。

其实，没表情也是一种表情，如果我们深谙洞察之道，还是能看清对方内心，看破对方伪装的。

在与人交往时，如果我们不懂他人的表情，就容易误解对方的真实意图，形成错误判断，难免会感觉掣肘。如果我们真正洞察了他人的表情信息，就能得到更多有价值的东西，如此才能收获更多，才能成为拥有火眼金睛的强人。

小故事

甲：女儿，今天的相亲情况怎么样啊？

乙：当你看到一头猩猩时，你的感觉如何？

甲：嗯？什么意思？

乙：对。就是您这表情。完全傻眼！

甲：……

第四章

想说服他人，先要取得信任

背后夸奖比当面称赞更有效

每个人都喜欢听别人说好话，当别人真心赞美自己时，自尊心、荣誉感等都会得到满足，也会对说好话的人感到亲切，产生好感。当然，在交际时很自然就拉近了彼此的距离，为交际的成功创造了良好条件。

事实上，在背后说别人的好话要比当面的称赞更让人受用，会让人感觉更真实，更诚恳。同时，也不要担心别人听不见，背后的好话很容易传进别人的耳朵。

一个刚毕业的大学生到新公司上班，刚开始他想摸清楚经理的脾气秉性，这样才能容易引起经理的注意。

“你刚来还是小心做事比较好，咱们经理太特别了，”一位年纪稍长些的员工说，“咱们经理特别有能力，也很喜欢别人称赞他。我们都看出了他的心思就开始当面称赞，说尽好话，他听得是心花怒放。但好景不长，现在他厌倦了我们的称赞，觉得大家只是在曲意逢迎。”

听了老员工的话，大学生有些失望，这么严厉又不在意别人奉承的经理肯定很难接近，估计以后要如履薄冰了。后来他转念一想，经理心中其实还是想得到大家的称赞的，他只是在意大家话里的真实性。想到这里，大学生想出了一个好办法。

中午吃饭时，大学生没有直接跟经理套近乎，而是故意跟身边的老员工说：“虽然我刚来不久，但我看得出来，经理真是有实力的人，无论说话还是办事，都是我学习的楷模。听说他今天又谈成了一笔大单子，真是太厉害了。”大学生在背后夸人也说得非常真诚。

后来，无意中经理从老员工那里知道了大学生称赞他的话，心里非常激动。他认为大学生的称赞一定是发自肺腑的，否则怎么会在背后说呢?

从那之后，经理开始留意大学生，在观察了一阵之后，越发觉得他非常符合自己的心意，于是很快就提拔了他，委以重任。大学生成功得到了经理的赏识，走好了职场第一步。

在背后说人好话，不仅会显得真诚，容易让对方相信，还体现了一个人的宽容胸怀和美好品质，这样的人更容易得到别人的信任。就好比上例中的大学生，因为背后称赞，让经理觉得他是最懂自己的人。试想，在人际交往中，谁会不喜欢这样的人呢?

在背后说别人好话是非常有意义的事，它能让你在交际中占据主动地位。将心比心，如果我们知道有人在背后说自己的好话，也会非常高兴，肯定不会觉得虚伪，或怀疑其目的性。很多时候，听到别人当面的称赞，会不自觉地想对方是否在寒暄客套，而背后的好话就不同了。

如果细心观察，我们不难发现，有些人非常不擅长交际，说话不讨喜，不是树敌就是碰钉子，究其原因跟不懂正确称赞别人有很大的关系。如果他们能坚持在别人背后说好话，总有一天会传进他人耳中，得到别人的喜爱和认可，这样大家自然会更愿意伸出友好的双手。

这个不难理解，比如在《红楼梦》中，林黛玉是个小性之人，心眼小又爱怀疑。可当她听到贾宝玉在背后跟史湘云说她的好话时，心里竟忍不住又惊又喜，又悲又叹。她想："贾宝玉果然是自己的知己。"从那之后，她跟贾宝玉的关系更亲密了。

由此不难看出，背后说人好话，不仅避免了尴尬和讨好之嫌，还让人在深信不疑的同时又感动不已。如果在人际交往中也能做到这些，相信交际就变得简单多了。

总之，虽然每个人都喜欢听好话，但说话方式不对或一味当面恭维都很难起到良好效果，要想打动对方，获得对方的信任，就必须学会背后说他人的好话。

同时，也不要担心你的好话无法传入对方耳朵，世上的人都爱当"传话筒"，只要多说几次对方肯定会听到你的"真心话"。

如果想要别人听到你的赞美，不妨从对方比较亲近的人入手。借"第三者"传话，效果会更明显，可信度也会提高。

张燕和杜红是一个公司的同事，也是多年的好朋友。但是最近却因为意见不和发生了口角，现在两个人连话都不愿意说了。

杜红是张燕的上级，一直跟她过不去对杜红自己也不好，于是她想主动跟张燕讲和，但一时又找不到合适的方法。

后来，杜红找到了张燕的另一个朋友，跟她闲聊的时候说："张燕其实是非常好的人，为人热情，工作能力又强，我来到公司她照顾我不少，其实我心里真的很感激她。最近听说她的大作又发表了，真想当面祝贺她但又怕她不领情。"

就这样，杜红把自己的心里话全部传达给了张燕的朋友，没过几天张燕就知道了杜红的心里话。

之后，她们两个人理所当然地和好了，关系还更进了一步。

让"第三者"传达自己的赞美之意，是非常不错的选择，背后赞美的力量要比当面赞美强大得多。在选择"第三者"时最好找跟对方关系比较好的人，亲人、朋友都可以，他们关系越好，你的背后赞美就越能深入人心。

除此之外，在背后赞美别人时要真诚，越真诚给他人的印象越深刻，感染力也越强大。如果你的赞美不够真诚，对方就不愿意给你带话。

最真诚的赞美才能打动人心，才会有一种不可估计的力量。赞美越好，对别人的价值也越高，才能给对方带来真正的满足和喜悦。否则纵然对方知道了，多半也会一笑置之，不以为意。

在背后赞美他人时内容要真实具体，最好让对方一听就会对号入座，感受到心灵上的契合。如果赞美词不达意，或没有针对性，对方就会认为你是在敷衍了事，根本没有细心观察。这样一来必然会适得其反，甚至引起对方的厌恶。

有个人想要讨好自己的合作伙伴，便跟别人说合作伙伴长得特好看，像极了某位当红女星。

话传到了合作伙伴的耳朵里，她不但不领情，还讥诮地说："她的眼睛长哪里去了？简直是瞎了。"

某些不具真实性的赞美，纵然传到了他人耳朵里，他人也不会领情。

总之，要想学会在背后赞美别人，就必须学会技巧，没有针对性的赞美，无法深刻地感染他人。

事实上，背后赞美别人的好处是非常多的，它不仅能很好地传达我们的心意，让别人感受到真诚，还能改变别人对我们的看法，架起良好的沟通桥梁，起到事半功倍的效果。让我们在交际中如鱼得水，更加游刃有余。

小故事

医生对病人妻子说：我对你丈夫有三点建议：第一，戒烟戒酒；第二，脱离繁重的劳动；第三，加强锻炼。否则，你丈夫只能活三个星期。

妻子回家对丈夫：天呐，你只能活三个星期了！

丈夫：……

想要赢得信任，先得学会揽责

有些人一遇到事，不是立刻反省自己的行为，而是喜欢把责任推到其他人或其他原因上，就是看不到自己的不足。这样的人在社交中是很难立足的，做事也常常会失败。

在交际中，很多时候责任不是一种能力、一种单纯的职责，而是一个人品质和价值的重要体现。承担责任也许解决不了问题，但却代表了一种解决问题的诚意。所有人，都喜欢跟这样的人交往，这样的人，在说服他人的时候，也更容易取得成功。

张文和赵武是展览公司的员工，他们负责运输展览品给客户，两个人一直合作，算是比较有默契的伙伴。

最近，赵武觉得很烦，他老觉得自己的努力老板看不见，想到这里就感觉憋屈。

那天，老板让他们两个把一幅名画给客户送去，俩人开车出去了。到了目的地后，张文把名画从车上搬下来给赵武，赵武心不在焉就没接好，结果画框被摔坏了，这下两个人都傻眼了。

“你怎么不好好递给我啊？”赵武很生气。

“明明是你魂不守舍没接好。”两个人相互抱怨，只能回公司见老板。

赵武率先进了老板的办公室，他说：“对不起，老板，我们没送好，这都怪张文，连递个画都不会，全都怪他。”

老板听了没再说什么，只是让赵武先出去。

“对不起，老板，”张文进来后感觉很愧疚，都不敢正眼看老板，“我和赵武没办好事，我愿意承担一切责任”。

听了张文的话，老板非常欣慰，他走过去拍着张文的肩膀说："小伙子，你真不错，以后好好干吧。"

事实上，有人目睹了事情的经过，就是因为赵武一时大意没接住才造成的。

最后，赵武被开除了，张文依然留在公司继续工作，为此赵武很不服气，还怒气冲冲地找了老板。

"赵武，事情的经过都有人跟我说了，是你没接好把画摔了。"闻言，赵武一言未发。

"你摔碎东西我不怪你，谁都有失误的时候，但你却一味地推诿责任，不敢承担，这让我很失望。我们公司，不需要你这样的人。"就这样，赵武被公司开除了。他无话可说。

很多人都有这样的劣根性，一旦出现问题不敢承担，而是寻找各种借口逃避问题。这么做也许会逃脱一时惩罚，但却会给人留下了不负责任的印象，这样的人没人会喜欢。就如同文中的赵武，犯了错不是承担责任，而是选择撇清自己，最终被老板开除了。

每个人都会犯错，谁也不能避免，但不同的是犯错之后的态度。承担责任，才能从主观上认识错误，并改正；逃避责任，只能放任自流，形成遇事推诿的坏习惯。勇于承担责任的人，才值得别人尊重和信赖。

有些人自以为聪明，他们认为抢占功劳和推诿责任才是交际中的明智之举，才是搞好人际关系的捷径，如果这样想，就没有人会真心信赖你。

这样的人习惯了投机取巧，工作时拈轻怕重，有了好处就赶紧争夺，显示自己的能力；有了责任，就赶紧逃避。他们看似聪明，实际上是害了自己，是不负责任的表现。搪塞、推诿责任，只会让人失望，自己的人格魅力必然会大打折扣。

如果别人发现你是这样的人，那他们肯定不会对你委以重任，慢慢地，所有人都会讨厌你、排斥你，最终成为"聪明过头"的孤家寡人。

所以，犯错之后，不要急于为自己辩解，要客观地看待，勇敢面对过错，主动承担责任，这样才能体现自己的责任感，才能树立自己的威信，赢得别人的尊重和信任。

要想成为勇于承担责任的人，平时就需要培养自己的责任心，带着责任心去生活、工作、跟人交往。在交际中，机遇和挑战并存，幸运女神不知道何时就会光顾。如果平时不注重责任心的培养，即使机遇来临也无法握紧，经受不住考验。

要想成为值得别人信任的人，就必须做好准备。准备通常不是能力上的，最主要的是准备好责任心，培养自己的承担能力，如此才能更好地通过他人的观察和考验，取得考察人的信任。

要想成为勇于承担责任的人，还要心胸宽广，不能斤斤计较。一般而言，越是爱计较，就越爱推卸责任。遇事不妨后退一步，不要太计较一时的得失，认真检讨自己。

尤其是在人际交往中，误解和矛盾是不可避免的。如果把原因都归结到他人身上，不懂自我反省，不找自己的错误，就会给人留下刚愎自用的印象。所以，在交际中要宽容大度、隐忍谦让，不过于计较对方的对错，敢于承担自己的责任，获得更多的信任。

承担责任体现了自己的态度，在表态之后，还要尽全力解决问题。尤其是给他人带来不便时，一定要拿出可行的方法去解决。这样不仅不会失去自己的威信，还能得到自我完善的机会。就算最后于事无补，相信对方也会被你的真诚感动，而更加信任你。

有个业务员，跟客户说好了交货日期，结果因为临时有事耽误了，客户很不高兴。

“你不是说好上午来见我吗？为什么爽约了？”

“不好意思，我上午生病了，这也没办法。”客户一听就是借口，非常生气，他认为这个业务员有严重的态度问题，于是向业务员的上司告了他一状。

于是领导找他谈话：“你没有及时交货，还推卸责任，不懂挽救，怪不得客户会生气。”

领导告诉他，犯了错就要敢于承担责任，他应该这样说：“对不起，因为我的原因而给您带来了麻烦，是我的责任，我愿意采取任何方式补救。”

业务员认识到了自己的错误，又主动跟客户道了歉，最终得到了客户的谅解。

在人际交往中，一个人只有检讨自己、揽责任的意识还不够，还要付出实际行动来补救，这样才会给别人留下更好的印象，愿意进行更深层次的交流。

每个人都是凡人，在交际中难免会碰到需要反思的事，有的人总能够及时站出来，恰当地检讨自己，勇敢地承认。有的人却没有勇气承担，只想逃避了事，或者把责任归为其他因素。前者往往能得到大家的认可，后者只会得到大家的鄙夷。

所以，做个敢于承担责任的人吧，它不仅体现了一个人的价值，还体现了一个人的可信程度。敢于承担责任，尽力补救，往往会得到别人的谅解和认可，这是简单又永远不会过时的道理。

小故事

甲：我对男友的要求就是要有责任心。

乙：我就是你要找的男友，我就很有责任心。

甲：？

乙：我不仅要对你负责，同时也对其他几个女孩负责，你说我是不是很有责任心！

甲：……

重视承诺的人更具有说服力

当别人信守了自己的承诺时，肯定也希望对方重视对自己的承诺，这是一种礼尚往来的互惠表现。在人际交往中如果不重视彼此的承诺，出尔反尔，那么在下一次的交往中必然会阻碍重重。这是永远不变的定律。

生活中，如果我们能重视彼此的承诺，让对方心理平衡，将会得到长远的利益。如果不能做到，就容易背上不守承诺、忘恩负义的罪名，也没有人愿意与这样的人共事。

一位外籍投资者来到中国后，想请相关的工厂仿制一批他手里的样品。但寻找了一段时间却没有发现合适的工厂，他非常沮丧。

后来，事有凑巧，在他准备回国的前一天找到了一家合适的工厂。于是他跟厂长说："明天中午之前，你能给我制造一批样品吗？大概10个。"

厂长看了一下投资者的样品，摇了摇头说："很抱歉，虽然我们可以生产这个样品，但你给的时间太紧张了，我们无法完成。"

外国投资者感觉最后一丝希望也破灭了，垂头丧气地准备离开中国。这时，一个小工厂的经理拦住了他的去路："先生，我们工厂可以完成你的任务。"

外国投资者不太相信，他从没听过这家工厂的名字，但一时又没有更好的办法，所以就答应了。

经理回到厂子里，赶紧联系设计师，他们立刻画图纸，所有员工集体加班，最后终于在第二天中午之前把外国投资者要的样品生产了出来。

"你们居然做到了？"投资者非常惊讶地端详着样品，做得非常好。本来他都不抱什么希望了。

“我们答应了你，就一定要做到。”经理说得非常诚恳。

“好，你们如此重视承诺，我相信我们的合作一定会成功。我在这里保证，一定会大力投资的。”外国投资者也做出了郑重承诺，后来也一直履行着承诺。

就这样，双方因为重视了彼此的承诺，合作也越来越顺利，取得了双赢的局面。

交际就是一个合作过程，别人付出了，心里就希望得到同样的回报。只有重视彼此的承诺，才能一直维持良好的关系，也才能让自己更具有说服力。小工厂信守承诺，赢得了与外资合作的机会；外国投资者信守承诺，最后达到了双赢，合作越来越好。

生活中，有些人不论做什么都能得到别人的信任和支持，而有些人却难以取信于他人。后者通常是因为经常无法做到对别人的承诺，轻易爽约，让对方心里感到不平衡，所以没有人愿意再与他们来往。

每个人都希望别人讲诚信，如果对方一再爽约，让自己失望，心里必然会有怨言，从而不会再接近他们。

在跟人交往时，诚信是一个很重要的筹码，如果周边的人能对我们信守承诺，反过来我们也很愿意重视自己的承诺，这样才能彼此信任，长久地友好相处。而有的人不以为然，忽略了诚信的重要性。慢慢地，大家就不会再给他们承诺的机会，因为他们从来不重视。

有的人在人际交往中，不重视承诺是因为抱着侥幸心理，想凭借自己的小聪明从别人那里得到好处，而自己又吝啬于付出。但是，没有人是傻子，如果经常使用这些小伎俩，必然会被看穿和唾弃，而且很快就会如此。

如果你不重视对一个人的承诺，他很快会告诉另一个人，如此一传十，十传百，这样你很快就会陷入很悲惨的境地，难以翻身。

没有人交往，没有人帮助，没有人喜欢，那么你的交际就等于走进死胡同。无法得到别人的信任，就什么事也做不成。

所以，在平时的人际交往中，不要为了一时的利益而选择成为不重视彼此承诺的人，因为它最终带来的负面影响是你无法负荷的。诚信就是财富，重视别人的承诺才能屹立不倒，才不会陷入孤立的绝境。

其实，要想成为重视彼此承诺的人并不难，要了解其重要性，懂得其中的奥妙。如此才能时常鞭策自己，成为重视彼此承诺的人。

小罗是化妆品界的王牌销售员，她的销售业绩是全公司最好的，很多新来的员工都想拜她为师。她跟客户的关系都非常好，很多人都是因为跟她关系好而选择了她的产品。

小罗告诉大家，客户之所以这么信赖她，完全是因为她重视彼此的承诺，从不放客户的鸽子。

小时候，妈妈给她讲过一个故事。一个小朋友给全班同学都发了贺卡，他每天都在等着大家的回信。但是很可惜，好多同学都忘记了，只有沉默寡言的同桌还记得，之后他跟同桌成为了最要好的朋友。

这么多年来，小罗一直记得这个故事，它一直在提醒她重视彼此承诺的重要性。所以，她能一直得到客户的信赖。

只有信守承诺才能得到别人的信任和拥护，才能在大家的帮助下成就自己的事业。承诺就如同跷跷板，如果经常失衡，必然会有一方感到不满。之后，原来的平衡关系也就难以重新建立了。

给别人的承诺，无论如何都要做到，它是一种长期的投资，如果不注意，随时会失去竞争资格。如果因为有困难，实在不能做到，要及时跟对方联系，获得谅解。否则，不仅别人会有所失去，自己失去的也会更多。

有时信守承诺可能会暂时吃亏，纵然这样也要努力去做。吃亏是一时的，获得的机会却是长远的。不管什么原因，不管在什么境况下，都要尽自己的最大努力来信守承诺。

有两个好朋友合伙做生意，刚开始情况很不理想，其中一个人便动了歪心思，偷偷把公司里的钱全部拿走了。后来，很多投资者都来要钱，‘剩下的那个朋友没办法，他只能说：“大家放心，虽然钱不是我拿走的，但我答应给你们的一定会做到，请大家给我些时间。”

大家看到剩下的那个朋友非常诚恳，就暂时答应了。那个人砸锅卖铁，借钱补上了大家的损失。他重视承诺的举动虽然一时亏损了很多，但赢得了人心。没过多久他就把生意做得红红火火。

有些人把承诺当成空头支票，说了就算了；而有些人却把承诺当作一种荣誉，用尽全力去呵护。前者，成为了大家眼里的“骗子”，失去了大家的信赖。而后者，不论做什么都能得到大家心甘情愿的拥护。

所以，不论何时都要重视彼此的承诺，为创造良好的人际关系打下坚实的基础。

小故事

甲：有个男人承诺要娶我，宠我一生一世。

乙：男人的承诺千万不能信。

甲：为什么呢？

乙：因为男人的承诺就像我们女人说减肥一样，总是说，却从未实现。

甲：……

有权威的人说话更有说服力

这个世界是如此光彩夺目，变化又是如此之快。自从始于20世纪40年代的“知识爆炸”格局出现以后，作为广袤世界中的个体，面对浩瀚的知识海洋，人们只能是望洋兴叹。那种百科全书式的人物已经不太可能出现了。这正好反映了社会的进步和文化的更新速度。今天，一个人通晓太多个学科已不太现实，就算是对本专业知识，也不可能处处都搞得明白。于是，在这样的生活环境中，我们经常听到这样的话：

“××主席认为……”

“××政府官员说……”

“按照生物学家××的思想……”

我们为什么会这样说？原因在于：尽管××主席、××政府官员、生物学家××的职业各不相同，但有一个不可忽略的事实，就是他们在各自的领域作出了非凡的成就，他们的意见与判断具有权威性，值得我们信赖。

假设有这样一种情况，某天你和你的家人一起去某大型超市闲逛，路过保健品摊位时，突然从旁边走来一个人对你说：“先生，大量的研究表明，在您这个年龄的人，吃这种补品有很大的好处。”如果这个人只是超市里卖保健品的普通员工，你可能会说：“谢谢你的关心，我还不需要。”如果走过来的这个人胸前挂着“国际营养学会高级研究员： ×××”字样的牌子，你会怎么做呢？可能你会停下来和他交谈一番。在交谈的过程中，你从他口中得知，这个人不仅是高级研究员，而且还是政府部门的特级专家，此时你又会产生什么样的想法？对他的话深信不疑，买上几盒保健品？还是交谈结束后悄然走开？相信大部分遇到这种情况的人，都会买上几盒保健品。

在说服心理学上，这种心理动向被解释为“权威效应”，也叫权威暗示效应”，是指一个人要是地位高，有威信，受人敬重，那他所说的话及所做的事就容易引起别人重视，并让他们相信其正确性，即“人微言轻、人贵言重”。

心理学家曾对“权威人物的作用”进行过心理实验。实验的对象是高中学生。他们请3位演讲者以同样的题目演讲，演讲完后，调查学生们对演讲者观点的赞同率。演讲的题目是“对于犯罪的青少年，应采取宽容的态度”。在演讲之前，他们先介绍这3位演讲者的身。这3位演讲者，一位是法官（权威者），一位是家长代表（中立者），另外一位是麻醉药的销售商（威信低者）。调查的结果是：认同法官的占43%，认同家长代表的占33%，而支持麻醉药销售商人者只有24%。

权威效应是一种普遍存在的社会心理现象。为什么呢？首先是由于人们有“安全心理”，即人们总认为权威人物往往是正确的，他们的思想、行为和言论往往是正确的，服从他们会使自己具有安全感，增加不会出错的“保险系数”；其次是由于人们有“认可心理”，即人们总认为权威人士的要求往往和社会规范相一致，按照权威人士的要求去做，会得到各方面的认可和奖励。

权威效应对人们的心理与行为会有很大的影响。在这方面，美国一位心理学家曾经做过的一个实验是最好的证明。

这个实验是这样的：在给某大学心理学系的学生们讲课时，这位心理学家向学生们介绍了一位从外校请来的德语教师，并告诉他们这位德语教师是从德国请来的著名化学家。试验中这位“化学家”煞有介事地拿出了一个装有蒸馏水的瓶子，说：“这是我正在研究的一种物质，它的挥发性很强，当我拔出瓶塞，它马上会挥发出来。但它完全无害，气味很小。你们如果闻到气味，就请立刻举手。”结果多数学生都举起了手。对于本来没有气味的蒸馏水，为什么多数学生都会认为有气味呢？因为他们心目中的权威，已经告诉了他们答案。

既然权威效应对人们的心理有如此大的影响，那么，在说服行动中，我们该如何使人们跳出自己的思维模式而接受权威的观点呢？第一，要有权威的事实根据；第二，应该有权威人士所具备的外在条件——大方得体的衣着、令人尊敬的背景和职位；第三，说服过程配合文明有礼的谈吐举止，进行有理有据的分析；第四，向权威人士求得协助。也就是说，或者让自己拥有权威的形象，或者借助权威人士的力量，都可以在无形之中为你的说服力增加砝码。

小故事

甲：亲爱的，你今天的衣服真漂亮！

乙：嗯！

甲：亲爱的，你是身材真好！

乙：嗯！

甲：亲爱的，你真美！

乙：嗯！

甲：亲爱的，我可以亲你一下吗？

乙：想亲我早说啊！我在变性之前，追女生可没你这么啰唆过。

甲：……

赢得尊重就会赢得信任

在人际交往中，我们要留心对方的弱点或者是对方的缺陷，尽量避免把话题扯到对方的弱点或缺陷上来。也就是不要当着和尚骂秃子，当着矮子说矮话。一般人们都会很忌讳别人当着自己的面谈论自己的短处。

有缺陷或弱点的人往往都很自卑，非常不希望别人直接地说自己的痛处。在与人交往时，一定要平等对待，要避开对方的痛处，表现出自己对对方的尊重和敬意。当你尊重对方时，对方也会还给你十二分的敬意。这种交往会凸显你的良好品质，让你赢得更多人的尊重，也会增加你说服的魅力。

严军小时候曾经因病毒感染得过一场重病，这场病使他患上了严重的白癜风。所以为了遮盖满身的白斑，无论夏天多么热，他都要穿长裤穿长袖。这成为他生活中最大的痛处。他也因为自己这个毛病而感到苦恼和自卑。

有一次，他的一个同事因为租房到期了，要到他这里将就着住一晚。那一晚，严军害怕自己的秘密被同事发现，所以不敢脱衣服睡觉。因为是夏天，天气太热，房间里又没有空调。到了后半夜，实在太热，严军只好把上衣脱了，然后就睡着了。

第二天醒来，最怕的事情还是发生了。同事看着严军满身的白斑，感觉非常恐怖。

严军非常难堪，慌忙拿衣服遮挡，但已经晚了。他首先的反应是，希望同事为他保守这个秘密，却因为缺乏勇气而没有说出口。

之后的一次同事聚会中，他隐约感到同事们看他的眼神都怪怪的，有的同事则故意离他远远的，还有的同事小声议论并嘲笑他。

而那个曾在他那里借宿的同事则故意走到他跟前来，对他说：“不是我说的啊！”严军恨不得找个地缝钻进去。

最终，严军因为自己短处的暴露，而不得不离开公司，另找别的工作。

每个人都有自尊心，在人际交往中如果能够极好地维护自己与对方的自尊，就会得到更多人的尊重。在交际中，你一定不要揭对方的短处，不要伤对方的自尊。

世上芸芸众生，各有所长，各有所短。如果你拿自己的长处与别人的短处相比，那么就会显得你傲慢无礼：相反地，如果你拿别人的长处来与自己的短处相比，则会使自己失去自信。

在交际中，尽量地避开对方的短处，是非常重要的一方面。每个人都有自身无法改变的短处。如果我们总是嘲笑或打击对方的短处，那么就不会有人再愿意与你交往，这样一来，你的朋友就会越来越少，你在交际中就会失败。

交际中，你不要把对方的不足挂在嘴边。如果在需要说的时候，你可以转变一下方式再说，这是交往的技巧，是获得良好的人际关系的技巧。

当人有短处时，内心都会比较自卑，都很怕被人戳穿，不愿被人提及。在交往中，我们可以避开对方的短处，再从正面关心对方的角度来帮对方出主意，想办法来弥补对方的不足之处。

这样做的结果是，你会赢得对方的赞美和认可，甚至会得到对方的信任和感激。

每个人都不是完美无缺的，每个人都有自己的弱点或是短处。所以，我们在交际中一定要给每一个与自己交往的人留有情面，不故意或主动地去揭别人的短处。其实，给别人留情面，就是给自己留后路。也就是说你尊重别人，别人才会尊重你。

在交际时，你不要去挑对方的毛病。相反，应该努力看到对方的优点，真诚地赞美和表扬。

在谈话当中，一定不要议论别人的短处或是隐私。一定要回避那些议论别人短处的场合或人群，更不要说人闲话。

在你的朋友的恋爱、婚姻正在遭遇一些挫折时，当你的同事受到某打击、情绪低落时，当你的朋友正经历事业的失败时……你千万不要炫耀自己的得意之事，这样会戳到对方的痛处，让对方更加难过，更加失意。对方还会因此对你产生反感的情绪，并觉得你是个小人。

在办公室里，与同事相处时，一定要多赞美同事的优点，避免去谈论同事的短处，这样你与同事之间的关系会更好更融洽。与同事之间把关系搞好了，会免去工作中很多的麻烦和不顺，你的事业也会顺顺畅畅的。

当与有缺陷的人交往时，一定要平等对待。多赞扬他的优点，避开的缺陷。只有你尊重别人了，别人才会尊重你。

要想在交际中有所作为，就要学会理解、包容、赞美、尊重他人。只有尊重了对方，才能获得对方或更多人的尊重。尊重别人最关键的是不要去揭别人的短处，维护他人的自尊，避开对方的弱点。揭人之短，伤人自尊；赠人玫瑰，手留余香。

小故事

老师：公牛和母牛走在田野里，这句话的语法和结构正确吗？

学生：正确。

学生甲：不正确。应该是母牛和公牛走在田野里，否则就是不尊重女性！

老师：……

懂得认输，沉默的人更具说服性

在双方交谈，谁都想说服对方的时候，难免会遇到一些要争输赢的事情。如果认个输并不会触及你的原则和底线，那么你不妨保持沉默，把这无所谓的胜利让给对方。你以沉默的方式认输会显得你的度量大，对方反而会很乐意跟你进一步合作。

在都想说服对方的时候，那些不服输的品性是值得称赞的，但是你也一定要明白认输的重要性。因为懂得认输，放弃无谓的竞争，将使我们避开针锋相对，避开别人对你的伤害，从而以守为攻，最终获得主动权。

懂得认输，把无谓的胜利让给对方，是一种理智的选择，也是很懂人性的表现，更是交际中不被踢出局的重要策略。

杨俊是一流大学毕业的研究生。他具有超强的语言组织能力，能言巧辩、思维清晰、条理清楚、才高八斗、滔滔不绝。每次公司开会，如果领导问到他的意见，他都能侃侃而谈，很有想法，很有思想。

可是，公司里的大多数人都很讨厌他。杨俊平时就喜欢与人争论。在与别人意见不一致的时候，老是用他那巧舌如簧的辩才把对方说到理屈词穷。与杨俊辩论永远是对方输。

杨俊的能力厉害是厉害，但很多人讨厌他。曾经败给他的人，心里都希望有一天他也会栽在别人手里。就因为他的争强好胜，失去了好多人缘，也失去了很多晋升的机会。

方玫和杨俊是同事。与杨俊正好相反，方玫是一个沉默寡言的女孩。有一次，方玫把杨俊失败的原因点破了：“你树敌太多，因为你不懂得在无谓的小事情上退让，不懂得认输。所以在事业上你就显得很失败。”

经过方玫的点拨，杨俊开始反省自己在人际交往上的失败。他试着慢慢地改变自己。后来，杨俊变得不再与人争论了。

在一些意见相左的情况下，杨俊开始谦让、恭敬对方，让对方永远赢在无谓的胜利上。而他却从此赢得了人心，并迎来了事业的高峰。

杨俊在人际交往中成为了一个懂得沉默的人，把无谓的胜利让给对方。曾经的教训不仅让他懂得了人性，还让他学会了如何把握人性，从改变了人生。

在都想说服对方之时，在言语上，在行动上，在无谓的争论上，用沉默或其他的方式作出适度的认输，适度的退让，制造对方的胜利。表面上看是你输了，实则上是少了一个对手，多了一个支持者。

在说服中，暂时退让、适时地认输，可以为你带来长远的利益。把无谓的胜利让给对方，不动声色地迎合对方的需要，既以对方的利益为重，又为自己的利益开道。

在说服对方时，要懂得赢也要懂得输，要懂得进也要懂得退。同样地，要懂得竞争也要懂得包容。因为我们不能一直只赢不输。我们必须懂得适时地包容、退让与感谢。

在争辩进行时，必然会遇到竞争的关系，或者是敌对的关系，或者是比赛的关系等，当遇到不是你赢就是我赢的状况时，如果那个胜利没有什么实际意义，你不如适时地示弱，把胜利让给与你争抢的那个人。

你懂得把无谓的胜利让给对方，并不是因为你不如他，而是因为你更懂得人性。当你把胜利让给对方时，看上去是你输了，实则上却是你赢在他处。

你把无谓的胜利让给别人的行为，实则是把你和对方的关系推进了步。与那个胜利相比，也许你们之间的关系更重要。你用沉默来回应失败，实则是在对那个无谓的胜利淡然地一笑置之。相比于那个胜利，你赢在了人性上。

要想做到能把一些无谓的胜利让给对方的人就得先懂得沉默。懂得沉默的人是很懂人性的。懂得沉默是一个人很可贵的表现之一。

保持沉默，让对方在争论或是其他方面取得那些无所谓的胜利，这不是软弱的表现，而是一种懂得退让，懂得认输的智慧。

适时的退让，适时的认输，是说服中的策略。你要知道，让别人在无谓的事情上取得胜利，这样做是对自己最有利的选择。你可能输在了面上，但你却赢在了里上。

你要学会用沉默和忍耐管住自己的心。通过忍耐，做到适度的认输，适度的包容和退让，然后把无谓的胜利让给对方。

宁静和曾柔是大学同学，还在同一个宿舍住。她们彼此看对方都不顺眼。一见面，两人就吵，有时还会动手相互厮打。

曾柔比宁静长得漂亮，她总是明里暗里地欺负、嘲笑宁静又丑又笨。宁静很恨曾柔。一天，宁静趁曾柔不注意的时候，把曾柔很贵的裙子给剪坏了。

像这样的事情，时有发生。后来，宁静把这件事告诉了她的姐姐。姐姐劝慰她说："你要学会忍耐。当你首先忍耐了，你的同学就会因你的忍让而对你友好。"

曾柔还是经常冷言冷语地嘲讽，这让宁静很生气，很想大骂回去，只是想到了姐姐说过的话，便在心中默默对自己说："我一定要忍耐。"

由于她的忍耐，引起了曾柔的改变，久而久之，曾柔也不再挑衅，还送了她一条漂亮的裙子。宁静恍然明白过来，是她的认输，她的退让，她的包容，消除了曾柔的仇恨，并使她赢得了曾柔的友谊。

生活中我们经常会遇到一些特别固执，特别蛮横，特别霸道的人，他们很容易跟别人发生争论与摩擦，而且脾气暴戾。

这时，占理的一方一定要具有宽恕他人的度量，可以一面向对方说明白，一面解决矛盾，最好使用温和的语言方式，用平和的语气，让对方最终获胜，占据上风。这样可以避免矛盾愈演愈烈。

在说服中，最关键的就是一定要适时地向对方示弱，熄灭对方的怒火。

有许多时候，人与人之间相互谩骂，相互怄气，是因为相互之间无法沟通，造成矛盾，而互不理解。这时有理的一方不能因为对方的错怪而以恶制恶，以怒攻怒。

最好是多做解释，想办法进行沟通与交流，或者向对方道歉，让对方取得最终的无谓的胜利。

在说服时，遇到蛮横无理者，可以把错误都揽在自己身上。比如说"这一切都怪我"等这类的话。让对方取得胜利，而你则免去了一场灾祸。

平息争端的最好办法，就是有理的人能勇敢地站出来，把责任主动揽到自己身上。以自我责备的方式来对抗蛮横不讲理的人，以柔克刚，让对方取得无谓的胜利。

适时的退让，适时的认输，把无谓的胜利让给对方。只有真正懂得人性的人才会做出这样明智的选择，才是真正的说服高手，才能在交际中处于不败之地。

小故事

甲：我骂我老公几十句、上百句他都不会回骂我一句。

乙：那你要当心他不在沉默中爆发，就在沉默中灭亡啊！

甲：我老公绝对不会走向这两种极端的。

乙：那他有什么表现。

甲：他不是在沉默中抽烟，就是在沉默中酗酒！

乙：……

第五章

每一个人都在等待被说服

有时被说服是种非常愉快的体验

根据马斯洛的需求层次理论，人类的需求共分为五个层次：生理需求、安全需求、社交需求、尊重需求和自我实现。在这五个层次的需求中，愉快的体验可以存在的位置包括社交需求、尊重需求和自我实现需求。

比如，当一个人得到家庭、朋友的关怀时，当他与他的伴侣坠入爱河时，他就能获得愉快的体验，这是来社交需求层面的；当一个人建立起他的权威，寻找到他自己的尊严时，他也能获得愉快的体验，这是来自尊重需求层面的；当一个人战胜了自己，完成了一项看似不可能完成的任务时，他同样能获得愉快的体验，这是来自自我实现层面的。

换句话说，愉快的体验在人的生命中随处可见。

那么，在什么情况下被说服也是一种愉快的体验呢？这里所指的“有时候”，具体有是指哪些时候呢？让我们先来看这样的一个例子。

联想控股有限公司、联想集团有限公司董事会主席柳传志在创立联想集团的初期，创业团队人才储备有限，急需技术性人才的加入，为团队注入新鲜血液和活力。于是，柳传志找到当时研究汉字信息处理和模式辨认的中国工程院院士倪光南，希望他加入联想的创业团队。

那个时候是1984年，整个中国几乎没有计算机行业的立足之地，倪光南虽然一直研究计算机的相关课题，但出于对未来行业发展的不确定性考虑，因此不敢贸然答应柳传志的邀请。柳传志为了说服倪光南，跟倪光南保证到：“我保证你的一切研究成果都变成产品。”

柳传志和倪光南曾在天津一起下放劳动，对于老友这样拍胸脯的斩钉截铁的承诺，倪光南终于被柳传志说服，答应加入了柳传志的创业团队，柳传志也给了倪光南联想集团首任总工程师的职务。不过，比起这个头衔，更令倪光南激动的是，在当年，他所研究的“联想I型汉卡”销售额高达300万元人民币，同时，联想也因此走上了未来“世界三大PC制造商之一”的辉煌道路。

从上面的案例中我们可以看到，在柳传志找到倪光南的时候，倪光南最初是完全不愿意与柳传志合作的，也就是说，柳传志的这个说服过程，是从零开始的，是非常艰难的。可是，最后的结果呢，却是皆大欢喜的局面。

被柳传志成功说服的倪光南，在收获了名誉与利益之后，当然感到了愉快与满足。

因此，我们可以总结出第一点，即在什么情况下被说服是一种愉快的体验呢？答案就是在被说服后的结果是被说服者所希望看到的情况下。

再来看互联网界的另一个例子。

2003年，腾讯决定从一个做单一通信产品的软件公司拓展为一个拥有门户网站的互联网综合类公司。在腾讯内部召开的相关会议上，董事会当时除马化腾之外其他人都反对这个进军门户网站的提议，理由是太多失败的前车之鉴，风险极高，而且腾讯本身也缺乏相关的人才储备和传统优势。

在几乎一边倒的情况下，马化腾对各位董事和总经理办公室成员说了下面的话，他说：“腾讯的核心价值是用户量，腾讯必须做一个用户黏度超强的平台，把这些用户尽可能黏住，产生相互关联，才能将公司的核心价值发挥到最大，因此腾讯必须做门户网站。”在那一瞬间，所有董事和总经办成员的商业敏感性都被点亮了，意识到公司的核心价值才是公司做大做强的命脉。

于是，在少数董事的赞同下，所有人员逐渐也改变了当初的想法，最后全票同意腾讯做门户网站。后来，腾讯门户网站的点击率证明了马化腾的战略是多么的正确。

这个说服案例的关键在于，马化腾通过对事情的逻辑分析和理性判断并向被说服的人员分享，使被说服人员对此问题的认同度如同自己亲自提出来的一样坚定。

同时，马化腾说服的对象是一群人，这群人很容易产生心理学中的群体极化效应，即当群体中的个人所表现的态度有某种倾向时，这个群体最终所做出的决定往往比这个倾向还要极端。因此，当马化腾已经获得少数董事的赞同后，最终的结果就是所有人对做门户网站的坚定。

于是我们又总结出来另一点，即什么时候被说服是一种愉快的体验呢？答案就是被说服人对说服者所提出来的观点完全认同甚至坚定到了像是自己提出的观点一样。

这一点类似于心理学中的同化效应，当对方被你潜移默化地影响后，他表现出来的就会像你一直表现出来的一样。

正如我们在上一章节中所讲到的内容一样，说服是一个双方博弈的过程。在这个过程中，双方的目的只有一个，那就是实现双赢的利益平衡。

站在宏观的角度，几乎没有哪一方是绝对的赢家，亦没有哪一方是绝对的输家。尤其是在商场在职场，风水轮流转，三十年河东三十年河西，如果你今天真的占了别人的便宜，你也是迟早要还的。因此，不如将每一个说服过程看作是一次达成合作的机会——不管是对内的合作还是对外的合作，营造一个合作的氛围，你的说服工作将事半功倍。

可以这样说，无论是说服还是被说服，不管是双方最后达成了一致还是遗憾地与共识擦肩而过，只要双方能在这样的说服过程中感到愉快，那么这就是一次成功的说服，双方必将期待着下一次的合作。

小故事

甲：我决定说服老爸搬到市区住，这里实在太远了。

乙：你怎么说的呢？

甲：我说了很多理由，他都不愿意。

乙：那最后的结果呢？

甲：当我说最后一个理由的时候，他立刻同意了。

乙：什么理由？

甲：我说只有住在市区才能经常收到百货店的免费礼物。

乙：……

“愉悦”是一种说服催化剂

人生在世，所有举动无外乎只有两种动机：一是追求快乐，二是逃避痛苦。不但如此，人们对于愉快的体验还总是不满足的。这一切都源于人类共有的一种心理现象——对美好事物的不断追求。

如果因为一次好的表现赢得了领导的肯定，那么你一定会在工作中更加努力争取获得下一次认同；当你尝过一家餐馆的菜，认为极其美味，那么你一定还会找机会再来光顾；如果你使用过一个品牌的手机，发现了一点儿瑕疵，那么下次你很可能会换个口碑更好的品牌……

我们为什么会有这样的想法呢？难道是我们的贪婪和虚荣心在作祟吗？难道我们真的太过困苦，以至于需要从积极的事物中求得安慰？其实，我们大可不必对自己的“不知足”产生负罪感。从心理学上讲，人们对于美好事物永不满足的现象，源自人类重复追求愉快体验、及时避开痛苦体验的本能。

在说服过程中，“愉悦”也是一种说服催化剂。心情作为一种主观因素，对人们的判断力和决策影响很大。当你传达信息时，适逢对方心情大好，那他可能就会很容易答应你的请求。因此，让说服变得简单易行的有效方法之一就是：让他人拥有轻松愉悦的心理状态。

李开复，曾是微软职位最高的华人，2005年他毅然辞去了令人羡慕的工作，回国担任搜索巨擘Google全球副总裁与中国区总裁。面对外界的质疑，李开复坦然地说道：“微软是个非常了不起的公司，但是Google让我震撼。”并将自己的行为解释为“追随我心”。但这一温和豁达的解释，却难以让李开复的两个女儿满意。

两个女儿无法接受她们深爱的爸爸从她们身边离开，与她们在大洋彼岸隔海相望，这让李开复十分头疼。这时候，李开复的夫人替他想了一个办法，她让李开复承诺两个女儿，离开美国以后，立刻送给她们两只拉布拉多犬陪她们。果然，两个女儿听到爸爸这样的承诺，很快破涕为笑，“放走”了李开复。

一年以后，李开复决定将夫人和女儿接到中国，说服两个女儿就又成了一大难题。出乎意料的是，李开复还没有对女儿提出搬家的要求，两个女儿就对他说：“爸爸，这次我们搬家，你会奖励我们什么礼物呢？”原来又是李夫人在暗中帮忙。于是，李开复让女儿提出她们的愿望，并满足了她们。就这样，全家顺利地搬到了中国。

我们可以看到，在这两次成功的说服中，李开复的夫人起到了至关重要的作用。作为两个孩子的母亲，她最了解孩子的心理，因此知道用什么办法来让孩子们答应爸爸的要求。

第一次，孩子们为了获得心爱的拉布拉多犬，同意了爸爸离开；第二次，李开复还没开口提出搬家，孩子们因为有了上次的愉快体验，于是主动向爸爸提出拿礼物来交换她们的同意。当她们的愿望达成时，她们有一种被尊重、被满足的感觉，因此，必然会答应父亲的要求。李开复能够成功说服女儿，重要原因就在于上文所提到的“人类对美好事物不断追求”的本能。

所以，说服者一旦许诺了满足说服对象愉快的体验，就务必兑现承诺，让说服对象切实感受到认同你就意味着可以获得一种满足，这种内心体验将成为下一次说服有力的铺垫，大大地提高今后说服的成功率。

由此可见，“愉悦感”可以称得上是说服的敲门砖。当一个人心情好时，往往容易接受他人的意见，作决定的速度会更快，思路更开阔，更有魄力和胆量，而且易于交流。反之，当一个人心情差时，考虑起事情来容易反反复复，甚至干脆不考虑就直接拒绝，这时候人的心理处于闭塞状态，听不进别人的意见。

为他人提供愉快体验的方式多种多样，例如，用礼物、赠品换取好心情；保持轻松、愉悦的谈话气氛；恰到好处地赞扬和恭维；充分尊重他人；指出行动的益处以及不行动的弊处；以真心实意赢得对方的信任。

为了更清楚地了解这种心理说服术的运用，还是让我们到商业活动中，看看商家是如何通过帮助人们避免痛苦、体验愉快来达到商业目的的。

只要你认真聆听一名企业规划师对客户所说的话，你一定会发现两方面的信息：一方面是痛苦的信息：企业资金状况越来越差；企业正走向破产；人心涣散；家庭不和……另一方面是愉快的信息：按照我们的方案实施，企业运营状况蒸蒸日上，公司规模和实力迅速壮大；公司领导成为知名企业家；公司职工万众一心……

不论针对什么公司，不论设计方案有何不同，也不论规划侧重点在哪里，企业规划师的出发点和说服方法是一样的：我们的产品可使客户“追求快乐，逃离痛苦”。

掌握人们追求快乐的体验这一永恒的行为动机，就可通过为他人提供愉快来引导他人的行为。只要能把快乐跟任何事物联系到一起，就能够很快地得到他人的赞同。

小故事

老师：谁知道世界上有多少个国家？

小明：我知道。

老师：那你说说有多少个。

小明：两个！

老师：两个？哪两个？

小明：中国和外国。

老师：……

喜欢被说服，因为听到自己所爱

相信大家在上学的时候都有这样的经历：每次考试（不管是大考，还是模拟考试）前，老师总是重复着一句老生常谈的话——先做容易的，后做难的。现在回想起来，这句话还真有道理。试想，如果我们拿到试卷后，盯着难的题目不放，一旦考虑了半天，还不能解决问题，这势必会让我们的自信心受到打击，从而导致紧张，思路打不开，再回头做其他的题目，容易的也变成难的了。相反，如果从容易的题目着手，会越做越有信心，难的也就变得容易了。

做事从容易的入手，这一方法不仅适用于考试，也适用于交流。例如，在当事双方谈判、交涉时使用这一策略——从对方易于接受的小问题入手，会让会谈的气氛更加融洽，使对方的戒备心理慢慢消除。为什么呢？因为如果小问题都不能很好地得到解决，谈何解决大问题？一旦小问题圆满解决了，会谈信心就很容易建立，彼此认同的情绪也逐渐蔓延，这样成功说服对方的可能性自然就大了。

也许有人对这一策略表示反对。他们认为，一般来说，交涉中有待解决的事情太多了，如果在谈判开始的时候就把最困难的问题提出来，一旦对方对你的解决方案表示认同，这样岂不更能建立彼此的自信心？这种方法也有一定的道理。不过风险很大，说服失败的可能性也很大。

想想看，最困难的问题，往往是双方最关注的、争议最大的、最难以解决的问题，要想双方的意见达成一致，通常不太现实，正所谓“公说公有理，婆说婆有理”。以此作谈判或交涉的第一事项，如果一开始就造成很大的分歧，一旦双方久久争执不下、互不相让，势必会造成彼此间失去信心，问题就更加难以解决了，交涉失败也是情理之中的事情了。

在一般情况下，一个精明的人，往往会以简单的问题作为交涉的开始，在讨论这个事项时，他会说："至少在这个问题上，我们能达成共识，下面的问题也一样……"结果，6个问题双方达成一致的就有4个，继续使用这种方法，到解决最后的压轴问题时，成功也就八九不离十。

从对方易于接受的小问题入手，然后潜移默化，一步步进入提出较复杂、较困难的要求上来，这是让对方满足你的要求的最好办法，因为小步前进能模糊对方的视线。

大卫·莱特曼在CBS主持一个脱口秀节目，他说话犀利，喜欢损人和挖苦来宾，总是让那些上节目的来宾哭笑不得。但这个节目的收视率之高让人瞠目结舌。所以，不管是歌坛、影视明星，还是其他行业的优秀人才，都很愿意接受莱特曼的采访，连影视巨星茱莉亚·罗伯茨也上过好几次。

不过，大卫·莱特曼在挖苦来宾时，不是每次都能成功。有一次，大卫·莱特曼在访问一个寿险业的王牌业务员时，想尽办法定要让他难堪。他随手拿起桌上的烟灰缸，说："听说你的寿险业绩连年都获得第一，那你把这个烟灰缸推销给我。我可不吸烟。"大卫·莱特曼心想："我看你怎么出糗。"

没想到这位王牌业务员笑眯眯地说："好啊，你就看我怎么说服你购买这个烟灰缸。"

接着，这位王牌业务员问："平常上你节目的有哪些人？"

大卫·莱特曼回答说："大部分都是名人，包含影视、政治界的大明星。"

"这个舞台的布景很精致，如果你访问的某位来宾喜欢抽烟，一旦不小心弄得到处沾满烟灰和烟蒂，真是太糟糕了。如果是这样，人们口耳相传，以后谁还要来上节目呢？"这位王牌业务员神闲气定地说，"这个烟灰缸虽小，但能帮助你保持整洁高雅的环境，让这些人舒舒服服来节目与你畅谈。你看这个烟灰缸还很精美，与这个环境也很匹配，价格便宜，只要三块五，买一个？"

听了业务员的话，大卫·莱特曼讪讪地说："你还有没有别的货？被你这么一说，我想要买两个。"

从心理学角度说，戒备心理人皆有之，但可以通过慢慢地渗透使之减弱。通常突破第一道门槛是关键，这样会使对方陷入一面倒的局面，一旦这种局面出现，便能让对方在不知不觉中作出让步，由此积累成大幅度的进展，最终达到目标。

小故事

老婆：这是哪儿和哪儿踢比赛？

老公：哥斯达黎加和阿根廷。

老婆：是中超联赛么？

老公：世界杯！

老婆：中国队在哪里？

老公：和你一样，在看电视。

老婆：为什么不上去踢？

老公：国际足联不让。

老婆：是因为钓鱼岛问题吗？

老公：……因为水平不行。

老婆：不是有姚明吗？

老公：滚……

想说服，就要让听者感到舒服

说服是一门艺术，意思相同的话，有时候转变一种说法，就会有不同的效果，有的说法可能让人觉得亲切，易于接受；有的说法则让人觉得生硬，因而不为所动。

“您好！我是阳光保险的张航。”

“哦。阳光保险公司，你们公司的推销员昨天才来过。我最讨厌保险了，所以他昨天被我拒绝啦。”

“是吗？不过，我总比昨天那位同事英俊潇洒吧！”

“什么，昨天那个仁兄啊，长得高高的，哈哈，比你好看多了。”

“矮个儿没坏人，再说辣椒是越小越辣的啊。俗话不也说：‘人越矮，俏姑娘越爱’吗？这句话可不是我发明的啊。”

“哈哈，你这个人真有意思。”

在销售工作中，销售人员要想拥有良好的业绩，一副好口才是必不可少的。范例中的销售员虽然遭到了客户的重重打击，却依然笑容可掬，并幽默地回应了客户的打击，给客户留下了很好的印象。当然，在销售行业中，好口才不是夸夸其谈，说得天花乱坠，而是能够说到客户的心里，能够吸引客户的注意力，刺激其购买欲望。

在销售过程中，尽管销售人员都希望自己能完成交易，可并不是每个人都能做到这一点，其中很大一部分原因就在于口才。相同的情境，采用不同的表述方式往往能够产生截然不同的效果。在说服客户的过程中，实现成交固然是所有销售员的谈判目标，可是如果你说话的方式不够妥当，则往往会事与愿违。说服客户的过程既是销售员与客户实现双赢合作的机会，又是处处充满了勇气与智慧的较量，在这个过程中能否说出让客户和自己都舒服的话往往直接决定着销售的成败。只是反复强调一种商品的优点，未必能发挥太大的作用。而详细、生动、准确地描述，才是引导客户购买商品的关键。下面有两种说法：

“这种传真机外形也好，速度也快，现在已经达到12秒了，您买了绝对不会后悔。”

“使用这种传真机，每传送一张，在市内可以节省××元的费用，在市外则可以节省××元。”

第一种说法固然没错，也提到了商品的好处，但是泛泛而谈，而最后一句话有点强迫的意味，容易让客户反感。第二种说法用实实在在的数据说明了产品的具体优点，更让人信服。

可见，要想做一名优秀的销售员，必须拥有一副好口才，采取让双方都感到舒服的说话方式。只有这样，才能打开与客户沟通的大门，彼此产生共鸣，在融洽的谈话中实现成交。那么，销售员在说话的时候，应该注意什么呢？

1. 说话要简洁

简洁明了地说话，是每一个销售人员必须学会的，也是对一个销售人员的基本要求。专业术语冗长、滔滔不绝、口若悬河都会被客户反感。所以，在沟通时，销售员应该尽可能用较短的时间，简单明了、干净利落地把比较重要的信息传达给客户，要会根据需要将产品的有效信息用最简洁的话表达出来，放慢语速，甚至停顿，有效地“牵”住客户的思维。

2. 语言要生动

语言的魅力是无穷的，语言本身就是艺术，如何说能让客户接受并喜欢的话，是销售人员必须学会的。这样，才能发现客户需求、刺激客户购买欲望并说服其购买。能够打动客户的语言一般包括如下特征：

（1）活泼新颖、容易勾勒出产品相关信息。

（2）易于使人产生愉快的联想并容易被记住。

（3）易于使人觉得舒服和可信，容易被说服。

3. 别忘了幽默

无疑，爽朗和幽默的人很容易打开别人的心扉，能交到更多的朋友。对于客户来说，销售员完全是陌生人，如果销售人员能主动敞开心扉，谈吐风趣的话，便能很容易打开销售局面，进而展开销售工作。范例中的销售员就是采取这样的方法给客户留下了好印象。

4. 多谈平常事

很多时候，让一些销售员奇怪的是，为什么自己在脑子里苦苦地搜索，找了一些怪诞的奇闻、惊心动魄的事件来与客户交流，但客户却并不是很感兴趣呢？是的，每个人都爱听奇闻轶事，但却更加愿意和朋友们谈一些有关日常生活的普通话题。

在交谈中，你可以问及客户的职业、家人及宠物，只要客户认为你是有诚意的，他必然乐于与你交谈。聊家常事更容易拉近你与客户间的距离。

5. 说话要大方

客户是上帝，但客户与你在人格上是平等的，我们要不卑不亢地和客户交谈，你要记住，你的目的是达成销售。因此，在说话时凝视对方的眼睛，大大方方，才能表现出你的内在风采。如果你在与客户交谈时不能平视对方的眼睛，视线太低，不免使人轻视，视线太高，又显得过于傲慢。

总之，在与不同的客户谈话时，你都应当认真地选用让双方都舒服的说话方式进行表达。另外，“投其所好”能够引起对方与你交谈的意愿。善于交际、能言善道的人，往往在与对方接触的前30秒，就能找到双方都感兴趣的话题，引发彼此交谈的兴致，尽快与对方建立起友好的关系，从而能够顺利交易。

小故事

甲：你爱我吗？

乙：我是你的男朋友，怎么可能会不爱你？

甲：那你愿意为我做什么事情吗？

乙：当然！义不容辞！

甲：我想有一个前男友！

乙：……

说服变得可口，谁都喜欢下咽

最近看到一个故事：一个孩子不喜欢吃饭，每次吃饭时父母哄、骂都不见成效。一天，父亲无意中把一个椰子壳锯成两半，给孩子当饭碗，结果那天孩子吃了两碗饭，此后孩子吃饭不再是个难题了。

同样是吃饭，用孩子感兴趣的椰子壳当碗，孩子就能吃下饭去。究其原因就是用新颖、别致的椰壳碗换去了陈旧、普通的饭碗，使孩子产生了浓厚的兴趣，其本质是用一种新颖的方式，满足了人求新、求异的需求。这种心理现象叫作“椰壳效应”。

在说服的过程中，我们也可以借助“椰壳效应”将说服行动变得“可口”。

在说服时，如果我们一味用干瘪、苍白、没有生命力的语言去慰别人接受自己的观点，收效肯定甚微。为了达到说服的效果，如果我们把说服的话用椰壳重新包装起来，对方肯定乐意接受。只要我们能正确使用椰壳效应，把说服变得“可口”，和对方的沟通就能够顺利进行下去。

那么，如何用“椰壳”去修饰说服的话呢？这里的“椰壳”就是指在谈话中运用一些形象、生动的比喻，或是其他修辞手法，来自己的表达更婉转、形式更活泼，更容易让人接受。

一般来说，如果用非常直接的方式来说服他人，很容易引起对方的反感，而在说服时，恰当地使用各种手法，则能使对方在接受你的观点的同时，心灵受到震撼。

其实，在说服他人时，运用“一语双关”的方法也能达到理想的批评效果。

一次，有一位二十几岁的作家把自己的作品送到某出版社编辑部，编辑看后问道：“这是你自己写的吗？”

“是的。”作家一本正经地说，“我花了两个月的时间构思，奋斗了一个星期才成书，真是太辛苦了。”

听了作家的话，编辑大发感叹：“啊！我亲爱的契诃夫先生，您的思想终于找到了继承人。”

听了这话，年轻的作家面部泛红，说：“对不起，我不该这样做，这是可耻的。”于是，低着头走出了出版社。

这位编辑就是利用一语双关的方法，说服作者认识到剽窃他人的作品是不对的，既含蓄诙谐，又照顾了作者的面子。可见，这样的说服效果远比板着脸快语明言教训人要好得多，也更容易让人接受。

另外，说服他人时，用说服与表扬并用的策略，也能达到理想的效果。

据说，柯立芝任美国总统期间，有一天，他对女秘书说：“你今天穿的衣服很漂亮，你真是一位迷人的小姐。”女秘书受宠若惊，这应该是沉默寡言的柯立芝对她的最大夸奖了。但总统话锋一转：“另外，我想告诉你，以后抄写文件时标点符号要注意一下。”听到这样的话，女秘书顿时认识到了自己的错误，虚心接受了总统的建议。

在这里，柯立芝就是采用了在说服之前先表扬对方，以表扬来营造说服的氛围，不仅能让对方在赞扬的愉悦中接受自己的意见，而且还让听者“有面子”。因为一般人在听到别人对自己的某些长处的表扬之后，再听到他的建议，心里往往容易接受得多，并且理解了说服者的良苦用心，从而积极地配合。

需要注意的是，说服的前奏曲要自然、贴切，不要给人牵强、做作、雷同的感觉。许多家长在说服自己的孩子改正身上的不好习惯前，总喜欢先表扬他聪明，脑子好使，时间长了有的孩子就公然对此嗤之以鼻。因此，委婉的说教也须讲究变化，不可千篇一律。

小故事

甲：亲爱的，你能说些赞美我的话吗？

乙：你如乌鸦在天上飞，我如狐狸在地上追。如何？

甲：讨厌，我哪儿有乌鸦那么丑。重说。

乙：你是天上的白天鹅，我乃地下的癞蛤蟆。有一天你从天上过，拉下一坨屎，掉入我嘴里。哇哦，真香。

甲：好恶心。而且，我们都是一样的。再说一个。

乙：我是公猪，你是母猪。

甲：……

为对方贴一个你所期待的“标签”

心理学上有个“期待效应”，即一方充沛的感情和较高的期望可以引起另一方微妙而深刻的变化。利用期待效应说服他人时，就是要为对方按照你所期待的样子贴个“标签”，表明他具有的个性、态度或其他特点，然后再提出符合该标签特点的要求。为使自己名副其实，他人就会按照你所期待的去做。

1960年，罗森塔尔曾在加州一所学校做过一个关于期待效应的实验。罗森塔尔要求校长对两位教师说：“根据你们的教学表现，校方认定你们是本校最好的教师。为了培养更多优秀人才，也为了奖励你们，本学期校方特地挑选了一些智商比较高的学生让你们来教，相信有你们这些优秀的教师和这些高智商的学生，我们会变得更加优秀。”这两位教师听后感到非常自豪，也更加努力地教学。

一年后，这两个老师的学生大都是全校最优秀的，成绩也比其他班的学生好很多。后来校长道破了真相：这两位老师和这些学生都是随机抽取的。

实验中，校长对老师和学生的评价和期待，直接影响了老师的教学，老师又会把这种积极的感情、语言和行动传递给学生，从而使学生萌生出自信、自强的力量，进而成为优秀学生。

心理学上的期待效应告诉我们，要想让他人怎样表现或者采取怎样的行动，就把这种期望通过语言传递给对方，直接告诉对方“你就是怎样的人”“你会那样做的”，有利于对方产生与你的期望相符的特性。无论你想让对方做什么，都应该说出来让对方知道，对方才能了解你的期许，从而采取相应的行动。

利用心理学上的“期待效应”，在说服他人的过程中，给他人贴上一个你所期待的“标签”，即可促使对方产生不虚此名的心理，从而按照“标签”所示有所行动。这里有两个心理要素在影响他们的行为：首先，当一个人被问到他是否愿意做出人们所希望的行为时，他会觉得必须回答“是”；其次，当人们公开承认自己具有某种特征后，往往为使自己言行一致而去履行自己的承诺。

“贴标签”说服法可以运用于各种说服场合。例如，向某位员工下达了一项工作任务，又担心他不能胜任，这时可以告诉他，他是个很有能力和韧劲的人，以前的任务都完成得非常出色，大家非常信任他。如果想要孩子努力复习备考，不要硬把他关在家里，也不要大声呵斥，只需要告诉他，大家都知道他成绩一直很好，而且学习越来越用功，结果孩子一定会暗下决心认真备考。

值得注意的是，“贴标签”说服法用不好也会产生负面效果，因此，说服者必须保证真诚地运用此法，即所贴“标签”必须符合事实，并且绝不能给他人贴上消极标签，怂恿他人去做有违社会准则的事。

小故事

甲：你喜欢什么样的女生?

乙：我喜欢长的坏坏的女生。

甲：那你看我是否符合标准!

乙：亲！我喜欢长的坏坏的女生，不是长坏了的女生。

甲：滚！你给我马不停蹄地滚!

乙：……

当心被打动时，想法就会改变

生活中，我们的决定和行为常常受情感控制。然而，即便人们会掩饰情感，但总避免不了暴露出情感的蛛丝马迹。因此对说服者来说，通过洞悉他人的情感状态，可以破解他们的态度和想法；通过主导别人的情感，可使人做出你所期待的决策。所以说，情感说服是影响别人的一大秘诀。

很多人认为随着时间的推移和人类社会的发展，情感在经济社会中的地位会越来越不重要。但事实上，如果我们看得更深刻一些，就一定会发现情感在我们的生活中始终占据着中心位置，是情感维系着我们同他人、同世界的关系。

正因为人们大多数的决定并非是在一种理性分析、逻辑推理和冷静思考的基础上做出的，而是在兴趣、情感、情绪等层面上做出的，因此，说服者应该从打动人的心灵方面入手，练就一种“煽情”的能力。优秀的销售人员、律师、商人、政治家和小说家都懂得，影响他人的捷径就是触及内心深处的情感。

如果不懂得从情感的角度入手，不会和他人建立起情感层面上的联系，即便可以说服他人，也只能被人评说为“不通人情的人”，无法获得人们的尊敬和真心的服从。

最受欢迎和尊敬的作家之一、《一分钟推销员》的作者斯宾塞·约翰逊说：“我卖东西给别人的目的，是帮助人们得到他们想要的那种对己和对自己所买物品的良好感觉。”由此可见，当心被打动时，想法就会改变。

历史上有很多谋略家都非常擅长利用感情去感动、迷惑他人，博取他人同情和怜悯。下面让我们看看勾践是如何说服夫差释放自己的。

越王勾践被吴王夫差打败之后，忍辱负重，顺从吴王夫差的要求，离开自己的国土，带着送给吴王的金银财宝、宫廷美女和自己的王妃虞姐，在吴国做了阶下囚。勾践深知要复国报仇，就必须回到越国。但是要想回国，除了要让吴王消除警戒心外，还要以对吴王的爱戴和卑微的面目，去博取吴王的同情和怜悯。而这一切光凭恳求是无济于事的，因此从头到尾，他都没有提出过回国的请求，但他的行为却达到了目的：首先他装可怜，博取同情；其次他忍辱负重，竟然通过尝吴王的粪便来为其诊断病情。吴王终被打动了，不久便送勾践回国了。

很多时候，直截了当的说服效果可能并不理想，能够感动人、激起他人怜悯之情的行动，才能取得更好的说服效果。

想要勃发他人的情感因素，你还可以通过绘声绘色地讲述一个故事来打动他。故事可以是温情的、浪漫的，也可以是可怜的、无奈的，甚至可以是激愤的、可憎的，但要注意故事内容不能偏离你的说服目的，而且要与对方的境况和经历相关，以使对方产生共鸣。

在使用情感说服时，可以参照以下说服策略：

1. 注意体会对方感受

在说服他人的过程中，当你不只是考虑自己的观点，而去注意对方感受的时候，你看问题的敏锐度就会加强。当对方的目光转移、脸色改变或者身体姿态发生了变化时都表示对方对你的话有了反应。这时，对方所产生的高兴、激动、同情、愤怒、悲伤等情感，对说服者来说都十分重要。

如果对方表现的态度对说服有利，那就应该趁机继续表达你的看法，强化对方的内心感受；如果对方开始表现出抵触情绪，那就需要改变话语方向，先保证对方恢复到轻松状态。

当你无法判断对方的反应时，那么建议在加深说服之前直接询问对方："你觉得我刚才说的怎么样？"再根据对方的回答，及时对话语作出调整。

2. 利用"情感回报"原理，向他人提供"免费午餐"

他人给予我们恩惠，我们都愿意予以报答，这是人之常情。如果你想要得到某人的帮助或支持，你不妨先寻找机会去帮助对方，不求回报地付出。每个人都不愿意欠下"人情债"。因此，当你付出到一定程度的时候，对方很可能就会主动问你："有什么需要帮忙的吗？"

3. 学会引导对方的情感，使之进入一个较好的情绪状态

当一个人的情感状态良好时，对事物负面的感知也会转换成正面的感知，这有利于用积极开放的视野来取代消极封闭的观点。不可否认，我们是"情感的奴隶"，我们的记忆、对世界的看法、行为和动作，会因情感而变得有选择性。因此对于说服者来说，引导对方进入积极的情感状态，说服将会变得毫不费力。

总之，说服是要深入人们的心底的，否则尽管言辞清晰、八面玲珑，得到的可能只是人们的反感。面对打动人心的说服者，人们会感到更安全，感觉说服者更有魅力、更强大，这正是心理说服的真谛所在。

小故事

甲：怎么感觉你今天不开心啊？

乙：小美她不理我了。

甲：为什么啊？

乙：我昨天问她是否喜欢我。

甲：她怎么说？

乙：她说暂时还不喜欢我。我就问她怎么才会喜欢我。

甲：她有说吗？

乙：她说了，说除非我能打动她！

甲：然后呢？

乙：然后她就住院了。

甲：……

成为自己人，自然愿意被说服

“套近乎效应”在说服中运用得非常广泛，也很有效。通过套近乎，把对方跟自己归为同一类，在无形中就拉近了彼此的距离。让对方对自己产生亲切感和信任感，这么一来，说服对方就会显得易如反掌。

在跟人打交道时，如果你能通过各种手段让对方把你当作“自己人”，必然会降低对方的防备心理，从而让对方在不知不觉中被说服

林苗苗是一家服装店的销售人员，人好嘴甜，是一个业绩非常优秀的员工。很多人都认为她长得漂亮就是优势，所以卖衣服很顺利。

每次听到这些，林苗苗只是淡淡一笑，不作回应。

后来，朋友也问苗苗，她才道出了其中的奥秘。

“很多人在买衣服时，都会把销售人员当成讨价还价的‘敌人’，跟你狠狠砍价。如果你能跟他们成为统一战线的人，那么机会就来了。”

苗苗说，之前她接待过一个跟她年龄相仿的女客户，说话非常刻薄，很多人都不愿意接待她。

“你们店里的衣服怎么这么贵啊？孩子的衣服而已。”女人很不友好。

“现在孩子的衣服就是比较贵，我女儿跟你家孩子差不多，上个月我也给她买了这件。”苗苗这么一说，女人没再反驳。

“我女儿说这个牌子的衣服比较舒服，每次上体育课总穿这件。为了她好，我总给她买这个牌子的衣服。”

女人一听苗苗感同身受的话，立刻就降低了心理防备，开始跟苗苗说心里话：“谁说不是啊，现在的孩子对衣服很挑剔，一定要买舒服的。”

“对，我也这么认为，我给女儿买了之后她可高兴了，看到她高兴我也

开心。”

就这样苗苗跟女人成为了“自己人”，苗苗又介绍了一些衣服的好处之后，女人二话没说就买了。

你把顾客当成自己人，他们就会信任你，做起销售工作就无往不胜了。林苗苗把“自己人效应”运用得得心应手，工作自然也就越做越顺利。

事实上“套套近乎”是“自己人效应”的重要体现，它指的是把自己跟对方归结为一类人，变成“同体观”的人。

在跟别人交往时，往往关系越亲密，自己的观念、立场就越容易被对方接受。如果让对方感觉你是自己人，就算是请对方帮忙，对方也会乐意。

这种说法不难理解，就好比我们都愿意跟喜欢的人交往，就算他有缺点也能适当包容；而反过来如果对方是你心里非常排斥、感觉陌生的人，你在无意识中就树起了防备意识，根本不愿意有过多往来，更别提相互帮助了。

“自己人效应”独有的特征，是在某种特定环境中产生的。它具有可亲近性、平等性、相似性或互补性等特征。在空间环境中接触的次数多，彼此熟悉，就容易互生好感；性格相似、爱好相同也可以拉近彼此的距离；双方的需求、期望有关联，也是“自己人”的特征。

这种效应在生活中的运用也非常广泛，在交际中，很多人不知不觉都会用到，迅速拉近了彼此的关系，得到他人的信任，获得了自己想要的利益。特别是有求于人时，套近乎可以说是必要的方法，找到共同体，才能打破别人的心理防线，才能有事好商量。

套近乎的作用很强大，如果懂得合理运用，“敌人”也能变成“朋友”。如果你能发挥自己的实力，巧妙地运用“自己人效应”，肯定会打动人心，成为别人心目中的“自己人”。

看到这里，相信很多人都特别想知道，具体要如何做才能套好近乎？如何才能成为别人眼里的“自己人”？

在日常生活中，我们不难发现，大家很容易把那些跟自己有共同点的人当作自己人。所以，在跟人交际时，首先要善于寻找彼此的共同点，让彼此有共同话题，这样才会为进一步的发展奠定良好的基础。

只要勇于交流，肯定会找到对方跟自己的相似之处，人生观、价值观、个人喜好、处世态度等总有相似之处。在交流中要深刻强调共同之处，要多用“我们”，如此，对方才更容易被打动。

当然相似之处通常不是一次见面就能够发现的，可以多创造见面机会，这样才能更好地发现。

除了多寻找共同点，最主要的是要懂得肯定对方、理解对方，从而建立起情感上的共鸣。

陈芳是个刚毕业的学生，一毕业就在某家设计公司当了业务代表，她第一次去会见客户时非常紧张，自己一点经验也没有，怎么能完成任务呢?

在交谈过程中，她非常紧张，显然客户对她很不满意，一直在看手表，随时都有离开的意思。

后来，客户随口说了一句女儿的早恋问题，表示很头疼。陈芳忽然灵机一动，知道了要跟对方说什么。

“您的问题我也深感理解，我妹妹现在上高中，也开始早恋了。我妈妈知道了非常头疼，都动手打她了还是没用，两个人的关系可紧张了。”陈芳说得跟真的一样，其实她没有妹妹，只是想对客户的情绪表示理解和肯定，是跟对方在套近乎。

事实证明，陈芳的做法是对的，客户没想到陈芳这么理解她，就开始大吐苦水，说了很多女儿的问题，两个人越说越投机，最后陈芳赢得了客户的信赖，成功完成了任务。

客户离开时，还跟陈芳保证，大家都是“自己人”，如果再有业务，一定会优先找她。

陈芳通过诉说自己相同的“经历”，表达了对客户心情的理解和认同，一下子拉近了彼此的心理距离，慢慢地，对方就把她当作了“自己人”。

当然，要想让套近乎的话变得有感染力也不是件简单的事，你要从心里对别人的话感兴趣，只有感兴趣，别人才会感到真诚，对你的好感才会油然而生。总之，在人际交往中，想要别人信赖你，把你当作自己人，就必须表现出真诚，否则就很难取得真正的效果。

学会与人套近乎会让别人对你的态度更友好，会对你的话更加信赖。同样的一个道理，也许被别人讲出来对方会生气，但被“自己人”说出来更让人感觉容易接受。这就是典型的“自己人效应”。

所以，在人际交往中，不仅要有聪明智慧，还要善于套近乎，发挥“自己人效应”，成为有影响力和受欢迎的人，从而更容易地说服对方，获得更好地利益。

小故事

甲：我喜欢上一个男生，怎么和他套近乎呢？

乙：这容易啊。你假装扔个东西，碰到那个男生，然后去道歉。这样一来二去就熟了。

甲：真的吗？我和他认识，想表白，不知道怎么说。我扔什么给他比较好。

乙：嗨！随便呗。关键要扔中，然后说是缘分。看他怎么说。

甲：好的！

第二天，乙被一个茶壶砸了脑袋，住院了……

第六章

调动你的说服记忆，笃定自己改变对方想法

“危言耸听”有时也会有意想不到的效果

在跟人交往时，难免会遇到比较强势又固执的人，花尽心思跟对方交流也达不到效果，无法说服对方听从自己的意见。如果还用常规、友好的交际方式，肯定行不通，这时不妨反其道而行之，危言耸听，用夸大事实的方法震慑对方，反而会奏效。

王轩是一家投资公司的经理，平时负责联系客户和与银行保持良好的联系。一次，他跟一个大客户谈好了生意，只要他能说服银行尽快贷款，就万事大吉了。

于是他见完客户之后，就赶紧去银行了。

“我想要贷款，越快越好。”这是王轩的要求。

银行的负责人虽然跟王轩很熟，但还是很为难，毕竟审批这么一大笔钱需要走很多程序，不可能这么几天就完成。

“我也很想帮你，但有些困难，这样的一笔贷款三天肯定不行，要走好多程序。”银行负责人如实诉说。

其实王轩也知道这有些为难人，但他心里很着急，他不愿意轻易放弃这么一大笔生意。他想了想说：“只要贷款给我们，你们银行也会收益很多，你的个人业绩也会提高，何乐而不为呢？”

这些话说到了对方心坎上，但还是不合规矩。

“我也很想这样，但我认为还是行不通。”银行负责人还是拒绝了。

这可愁坏了王轩，他又急又气，都想拍桌子了。

“我跟你说，这是笔很着急的生意，如果我们公司做不成，肯定会损失惨重，到时候我肯定会受到牵连。再说，如果你的上司知道因为你的刻板失去了这么一个好机会，肯定也会不高兴，到时候你里外不是人，处境必然会很艰难。”王轩见跟银行负责人讲不通道理，就夸大事实来吓唬他。

这招果然很有效，银行负责人沉思良久，最终还是妥协了。他想尽方法，尽快批下了这笔贷款。王轩利用危言耸听的手段，达到了自己的目的。

人都有这样的心理，有时别人好言相劝就是听不进去，如果对方态度变得强硬，把危害说得形象又透彻，我们内心就会开始不安和恐惧，慢慢放弃坚持，选择跟别人合作。这一招，通常能攻克别人的心理防线，把对方震慑住。

在交际中，要以和为贵，尽量表现出自己的修养和风度，跟他人友好相处，温和交谈。我们再有才华也不要随意显露，也不要轻视别人，这是通常的交际策略。但是，并不是所有的人都愿意平和交流，就比如那些傲慢的人总想把别人踩在脚下，说话、做事都要占上风，还总是以为自己是对的，听不进去任何人的话。面对这样的人，危言耸听、说话震慑就是对付他们的最好方法。只有用更强硬的态度，才能让对方臣服。

必要的危言耸听是为了说服对方，不是为了制造不必要的矛盾。有些人认为危言耸听就是胡编乱造，或者恐吓对方，让对方因为心里害怕而妥协。这完全是错误的理解，这么做，久而久之必然会失掉人心。

这里所用的震慑之术，是在原有事实的基础上，从对方的利益出发，用对方的思维方式分析利弊，把对方心里惧怕的一面进行特别放大，以此攻克他人的心理防线，从而达到我们的交际目的。

危言耸听的交际方式在生活中可以广泛运用，尤其是在拒绝和说服别人的时候，这招非常有效。有些人一时头脑发热，感情冲动，在错误的道路上一意孤行，如果这时我们还用温和的方式跟他沟通，是很难起到作用的。

这时不妨危言耸听，让对方意识到冲动行为的严重性和可怕后果，对方很容易就会幡然悔悟。

在使用夸大事实震慑对方的时候，首先要摸清对方的性格，不是所有人都会被这招说服。那些做事稳重，心思细腻之人常常不会被打动。那些做事冲动、头脑容易发热和没有主见的人，是使用危言耸听手段的主要对象。

张明是一家公司的老员工，虽然在公司待的时间长，但由于工作拈轻怕重，没有什么突出业绩，几乎没升过职，干了这么长时间，还是一个小主管。

新领导来了之后，将工资制度进行了改革，大部分人的工资都涨了，只有张明的没有。张明怒火中烧，头脑一发热就想找领导去评理。

领导秘书看见来势汹汹的张明，心中明白了大半，他怕张明闹事，心想得赶紧把他劝回去。

“你不要来闹事了，赶紧回去工作吧。”秘书直接开口。

“什么啊？凭什么别人的工资都涨了，就我的没有？”张明不服气地撸起袖子。

秘书知道张明是个冲动又没主见的人，开口道：“你平时工作不努力，当然不给你涨工资。我劝你别闹了，领导最近正想裁员呢，如果你惹怒了他，肯定会被开除。现在工作不好找，我劝你还是冷静点吧。”

听了秘书的“恐吓”，张明悻悻地回去了。

在摸清别人性格的情况下，用危言耸听、夸大事实的说服技巧能达到出奇制胜的效果，让对方甘愿臣服。

在夸大事实震慑对方时，要抓住正确时机，找到对方的惧怕点，不能没有针对性地乱说一通。没有根据、混乱的交谈只会引起别人的反感，说得太过，必然适得其反，甚至让对方无比抵触。那我们就只能搬起石头砸自己的脚。

在此之前，不要轻举妄动，摸清对方的性格特征和过分在意的事，然后再找准击破点，才是万全之策。

总之，在跟他人交流相处时，尽可能地采取和风细雨的方式，平静交流，不锋芒毕露，盛气凌人。可以强势，但不能无理。但是，总有一些交际是我们无法控制、用常规交际方式不能解决的，这时就必须反其道而行之，必要时就需要用夸大事实来震慑对方。

小故事

甲：男人都是吓大的！

乙：此话怎讲？

甲：小时候，老妈常说狼来了；上学后，同学总说老师来了；结婚后，同事总说老婆来了！

乙：这有什么好怕的！

甲：上个月，情人说那个没来！

乙：……

自己按兵不动，让对方先做承诺

“如果我能让你作出承诺（即确定立场、表明观点），我就为你的自觉意识搭建了一个良好的平台，以便使你的行动与你从前所作的承诺保持一致。人一旦确定了某种立场，就会自然地朝着它努力，以便尽可能地与他的立场相吻合。”全球最著名的影响力和说服力专家之一罗伯特·西奥迪尼这样说。

是的，在人们的心里，都有一种要做到（或者显得）与过去的行为相一致的愿望。所以，一旦我们对某事作了决定，或选择了一种立场，坚持这个决定就成了一件对我们非常有吸引力的事情，因为来自内心以及外部的压力会迫使我们以此保持一致，在这种压力下，我们总是希望以实际行动来证明我们以前的决定是正确的。在说服心理学中，这被称为“承诺原则”。

更加实际的，我们每一个人都会时不时地欺骗自己，会找无数的理由说服自己，好让我们的信仰或想法与我们作出的决定或采取的行为一致。

当然，保持一致也是我们应对忙碌的现代生活的一条捷径。因为我们不需要再为这件事左思右想了，我们需要做的只是保持前后一致。

一个最简单的例子就是下注赌马者的实验。在下注前的半分钟，他们犹豫不决，对下注的马匹能否获胜没有一点儿把握；然而赌马的人一旦下注，对自己买的马马上信心大增。而这些马取胜的概率并没有因为他的下注而改变，令其态度发生根本转变的一个关键因素，是他们作出的最后决定。

每次美国总统大选，那些候选人总是想尽一切办法进行筹款也是同样的道理。而这也是为什么筹集最多的人往往能赢得最后大选的秘密。筹得款项越多说明支持这个候选人的捐款人就多，按照承诺原则，这些捐款人一定会力推自己用钱支持的候选人赢得大选。

在国外，一些商人为了保持自己的销量而使用的方法，更是使用承诺原则说服顾客的灵活应用。在这方面最典型的例子就是美国的玩具商在圣诞节前后所使用的销售策略。

圣诞节是玩具生意最火的时候，但在以后的日子里，玩具的销量会大幅度减少。因为大人们刚刚为孩子们买了玩具，所以会坚决地拒绝孩子们再买玩具的请求。即使是那些生日跟在圣诞节后面的孩子们也得不到太多的玩具，因为大人们对孩子们的玩具预算在圣诞节期间已经全部花光。怎样既保持销售旺季的高销售量，而同时又能在接下去的日子里保持玩具的正常销量呢?

其实，促使孩子们向大人们不断索求玩具的方法很简单，不管是在节日还是在平常的日子里，只要在电视台播放动画片期间，做一系列超炫的广告就够了。所以，在接下去的日子里保持玩具正常销量的关键不是刺激孩子向大人们在圣诞节后索要更多的玩具，而是如何让大人们在圣诞节后心甘情愿地为孩子们再次掏腰包。这似乎很困难，但有些玩具商就做到了。

他们使用的策略就是，在圣诞节之前，在动画节目中做一系列某种玩具的超炫广告。很多孩子见到后，就对自己的父母说，如果在圣诞节能收到这样的礼物，真是太好了。大人们通常会答应他们圣诞节一定为他们买。为什么不买？反正圣诞节都要给孩子准备礼物。

然后，当圣诞节来临的时候，大人们去商场为孩子买这件玩具，会发现很多商场都断货了，商场都说已经订货了，但是不知道什么时候货才能到。几乎每年都是这样。这肯定不是巧合，而是一个巧妙的商业计划。等到圣诞节来临了，店里还是没有货，他们只能给失望的孩子们买了其他玩具作为补偿。

圣诞节过后，以前那些超炫玩具的广告又重新出现了。这时孩子们会对父母们说：“你答应我的。”无奈的父母们为了履行诺言，只好再次掏出腰包，去商场里买。这样玩具商们就可以使圣诞节后的一月和二月的销售额得以继续保持。年年如此！这就是这些公司的天才计划——巧妙地利用父母作出的承诺。

承诺原则的关键在于：承诺。那就是引诱说服对象采取某种行动或是作出某些决定，然后再利用他们要求与过去的言行保持一致的压力来迫使他们兑现承诺。所以，一个看起来不起眼的小小承诺，也可以引发一系列势不可当的依从行为，并最终得以实现。这便是从小的请求开始，达到对大的请求依从的策略。

商业运作中还有一种方法：抛低球，也是对承诺原则的很好运用。自己先提出一个很好的条件，让对方作出那个关键的决定（承诺），然后在最初的提议上，加上一个不太令人愉快的条件。这个策略的关键在于，让人们坚持先前的决定，即使条件有了变化，这个决定已经不是那么明智，人们也不会改变立场。

当然，一个承诺要能够影响人们对自己的看法，还需要一些必要的条件：这个承诺必须是积极的、公开的、经过努力才作出的，而且是人们自由选择的结果。这也是一个最有效的承诺的体现。因为，当我们在没有外界压力的情况下作出选择，便会在心中为这一选择负起责任来。

当我们认识到了承诺原则对人类行为的巨大影响力时，就会自然而然地想到一个很重要也很实际的问题：不守承诺的人到处都有，怎样才能让对方“必守”承诺呢？不妨看看下面的建议。

1. 将承诺写在纸上

让对方将其承诺写下来，这在无形之中对其施加了压力。古人出征，为了表示必胜的信心，会立下“军令状”。说服过程中也是一样，和别人谈判，让人写下条件，立下字据会为日后省去不少麻烦。反过来，对自己也是一样，承诺别人的事情不妨写下来，既是提醒自己也是无形中给自己压力，让自己信守承诺。当你想要放弃的时候，看到字据，当时的场景历历在目，便不得不迫使自己坚守承诺。

2. 尽量让承诺公开化

舆论的压力是巨大的，当一个承诺公开后，知道承诺的人都会帮你监督其完成。所以尽量让你的说服对象在公开场合对你作出承诺，或者将其承诺讲出来。

虽然承诺的力量是巨大的，但是我们也要注意，千万不要强迫别人作出超出能力范围之外的承诺。超出能力范围的承诺，对方是无法实现的，自然也就没有了信守承诺的压力。谁也不会相信“我把天上的星星摘下来送给你”是一句真话。

小故事

甲：老公，你婚前所说的承诺还算数吗？

乙：当然算数。不过……我做的什么承诺来着？

甲：你说结婚后，你就愿意为我做牛做马。

乙：是啊，没错！不过我说的是种牛种马，除了这两样，其他都不会！

甲：滚！……

最后一刻掌握好说服的命脉

柯英是美国某企业的代理，他要前往日本出差，想要说服日本家企业接受自己公司的合作条件。

当柯英乘坐的飞机到达日本羽田机场时，代表日本企业与柯英交流的两名职员早已等待在出口处迎接了。这两个人接过柯英的行李，引导他乘上已等候多时的高级轿车，送他到已预订好的旅馆去。

在车上他们相互交谈，一位日本接待员问柯英："柯英先生，不知您预订了哪一天的班机回去？我们好提前为您准备去机场的车子。"

如此这般礼遇，让柯英非常感动，于是他拿出回程的机票，恭敬地递给日本人看。机票上写着返程的时间是两周后。

在柯英看来，这只是一个迎接仪式，与合作谈判事项没有直接关联，却完全没有意识到日本人已经开始"刺探行动"——询问行程便是其中重要的一项。因为日本方面对于自己要与人谈判的最后时限，往往视为机密，不愿让对方知道，但是对于对手预订的最后时限，却总要想办法得到。

柯英不但没有发现这个致命的事态，而且还沾沾自喜。以后签署合同的主动权全掌握在日本人手中了，事态完全按照日本人的规划逐步进行着。

在柯英到达日本的前10天里，日本方面只字未提双方合作的事情，每天只是派人陪着柯英到处参观日本的名胜古迹，而且晚上还要邀请他参加日本公司董事分别宴请的家庭酒会。

每当酒会完毕，柯英提起合作的事宜，日本人总是说："柯英先生，你初次来日本，多走走看看，谈判有时间，来得及。"

于是，今天喝茶听"禅机"，明天看精彩的相扑比赛，后天看日本的民族舞蹈表演。这些柯英在美国都没有见到过，他在大饱眼福的同时，也了解了许多日本的风俗习惯。

时间就这么慢慢地过去，柯英心情非常愉快，感到日本人真是招待周到，不虚此行。

到了第十三天，日本人才提出如何合作的事宜，柯英也觉得是该自己开口的时候了，但因为当天下午安排了打高尔夫球。交流会刚刚开始，大家就急着赶往球场了。

第十四天，交流会再度开始，刚商谈一半的时候，为柯英举办的欢送会开始了，盛情难却，柯英只好答应今天到此为止。

第十五天，也就是柯英要回美国的那天，如何合作的商谈才正式开始，但是就在讨论到最重要的问题时，要接他去羽田机场的高级轿车已在门口等着了，于是交谈地点转移到了车内，在柯英下车的那一刻，交易完成了。

毫无疑问，结果肯定是原本准备说服日本方面接受自己要求的柯英败下阵来，日本方面获得全胜。

想想看，为什么日本人整天派人陪着柯英到处游山玩水、看比赛、看歌舞，迟迟不提合作的事情，而在柯英即将回美国的时候，才开始切入正题？不用说，其目的就是采取最后时限给柯英以压力，最终答应有益于日本方面的要求。

从心理学的角度出发，最后时限往往能给对方带来巨大的压力。许多说服专家认为有了最后期限，自己的自由度会降低，随着时间的推移，交涉的情势与彼此的期望值都会发生改变，且有必须迅速达成协议的压力。甚至有资深的说服者预言，共同的最后期限的存在，彼此在内心都会与自己进行一番较量，会因其迫使他们在意愿范围之外更快让步而损及自己，从而惠及对手。

在说服过程中，失败的人往往是没有顶住最后时限这个巨大压力的人。一旦顶不住压力，就只能跟着别人的要求走。很多时候，在一次说服结束前，某一方出现一些大的让步便是由于这个原因。这也是为什么日本人对于自己要与人交流的最后时限，往往视为机密，但却想办法探得对方的最后时限。

那么，如何知道对方的最后时限呢？

第一，最简单的最后期限，莫过于一天快结束之时。此时可利对手急于打道回府的心理。某公司负责运营的执行副总裁伊波利托讲了这么一个故事："我去亚洲某国出差时，有一次要和一位厂长会谈，完成一单大采购。我早上9

点到的，到下午5点之前几分钟，他才开始让步，我们才得以签约。我问自己的翻译，为什么非得熬到5点钟，而不在9点半就完成交易。他告诉我，时辰尚早之际，这位官员没有了解事情的动向，而现在他想回家了。第二次造访该厂，我把会谈定在4点钟，事情解决得既快且易。现在不管参加任何会谈，我都宣称自己一个小时后还有别的预约。如果一个小时过去后，我觉得留下来对我有利，我就打电话给自己的秘书，让她另外安排我'下面的预约'。这样只会增强我的说服力度，因为对方会把这当作有诚意的表现，甚至觉得是种让步。"

第二，一般来说，可以从对方的各种细节信息中寻找、判断。例如，谈判桌上，对方的言谈举止以及谈判的速度；谈判桌外，对方回程机票时间、宾馆预订日期。

最后时限往往能让反对者变成赞成者，让悬而未决的问题得以解决。因此，在与他人交涉时，你不妨利用最后时限法，使人在最后期限的压力下作出适度妥协，顺从于你。

小故事

丈夫：你刚才和谁在门口谈了一个多小时？

妻子：邻居王太太。

丈夫：那为什么不请人到家坐坐？

妻子：她没时间。

丈夫：……

学会造势，让自己占据主动

酒香也怕巷子深，再好的说服者也需要有人来帮衬，再好的产品也需要好的推广。特别是在竞争如此激烈、信息如此发达的今天，对于一个急需开拓市场的企业来说，就更需要造点声势，来提高企业的知名度，这是最快捷、最有效的方式。

说服美国总统帮你卖书、卖衣服、卖自行车、卖汽水，等等，这听起来简直是天方夜谭，但并不是没有可能。只要你策划得法，国家领导人也会成为影响你产品走势的重要砝码。

在美国，有一位出版商，手里积压了一大批滞销的图书，久久不能出手，所以，这位出版商很是着急。经过一番苦思冥想，这位出版商终于想出了一个妙计：给总统送去一本书，并三番五次地征求总统的意见。

日理万机的总统实在没有时间阅读这本书，迫于出版商的纠缠，便随便回了一句：这书不错。这就是出版商要的结果，他马上展开宣传："总统称赞过这本书。"毫无疑问，这本书很快就被一抢而空。

不久，这个出版商又有书卖不出去了，就故技重演，又给总统送了一本。总统很生气上次这个出版商借自己的名望做宣传，于是，就奚落道："这本书糟透了！"出乎意料的是，出版商没有生气，反倒很高兴，出版商马上打出宣传语："这本书深受总统的讨厌。"这次，书又脱销了。

第三次，总统又收到了这位出版商寄来的滞销书。吸取前两次教训的总统心想：这一回，我什么表示都不做，看你怎么宣传？于是，总统真的没有做任何回复。谁曾料到，出版商还是可以借题发挥："现有总统难下定论的书，欲购请从速！"结果可想而知，书再一次脱销了。

因此，出版商借助总统的名望大赚特赚了好几笔。

如今，很多人想要提高自己的社会知名度，借助名人的威望不失为一条捷径。因为名人常常能在社会上起到一呼百应的作用。所以，如果你身为领导，一定要利用好名人威望来提升自己的影响力和说服力。即便你和那些名人素未谋面，只要你策划得当，名人效应就能让你的产品得到很好的宣传，让你的产品更具有说服力。

要想让别人知道你的产品很好，你还可以利用轰动效应。这会给人们的心理带来强烈的影响和震撼，这就需要经营者采取的方式要新，所谓出奇才能制胜。当然，一定要善于造势，尽可能地把场面做大。这样做不仅可以赢得顾客，还可以获得良好的声誉。

1985年5月的一天，有很多人聚集在香港某闹市区的一个广场上，大家都向天空仰望着，不知道在看什么。原来，几天前，西铁城公司在几家知名报刊上做广告说，为了答谢广大顾客的厚爱，要在一个特定的时间内空投手表。而且允诺，空投的手表质量绝对值得信赖，要是发现捡到的手表在空投时被摔坏了，顾客可以凭此表到西铁城公司指定地点换取高于此表10倍价格的现金。谁愿意错过这次机会啊，况且万一捡到了坏手表，还可以去领取价值于手表10倍的现金。

于是，大家在那天都纷纷齐聚西铁城公司指定的投放地点，为的就是希望接到西铁城公司空投的手表。人群中，不知是谁高喊一声："来了，来了，直升机在那儿！"只见一架标有"西铁城公司"字样的直升机盘旋在广场中央。两幅巨大标语伴随着"刷刷"巨响从舷门滚落出来。一幅是：想要无烦恼，请用西铁城手表。另一幅是：观产品好坏，请看百米高空赠表。

广场上的人都高声叫好，接着就见一只只闪闪发光的西铁城手表从天而降。大家便形成了"抢表"大军。

结果，坏表持有者寥寥无几。香港市民被第二天公布的坏表率只有万分之八的数字惊呆了，无不交口称赞该表的质量。甚至连该产品中最普通的款式，也被人们吹捧成了是香港市面上最好的手表。依靠此举，西铁城公司取得了轰动性的效应，很快就在香港和内地市场占据了相当大的份额。

西铁城手表这一举动之所以能取得如此大的轰动效应，首先是因为他们具有创造性，调动直升机做广告，消费者以前很少见过这种形式。其次是商品赠送的方式也比较新奇，采用高空赠表，一般公司采用的方式都是购买定量商品赠送。还有一点，也是最重要的，就是坏表可以换取价值10倍于表本身的现金，这一点抓住了人们的心理，人们认为从那么高的地方投放下来，又是手表，一定会摔坏。如果拿到的是摔坏的赠品，那就没什么意义了，而这一点也正是西铁城公司的用意所在，就是向消费者表明自己公司的手表有相当可靠的质量。

可见，要想让别人知道自己公司的产品好，就要利用一种方式来很好地吸引住人们的眼球，进而打动其心。造势的秘诀是什么，利用机会创造出强大的态势，从而形成最大的影响力，这就是造势的诀窍。但是，造势也要讲究尺度和诚信，造势太过，将适得其反。

小故事

甲：你瞧瞧，现如今连广告都不能登了。

乙：为什么？

甲：我在北京晚报上登了一则广告——征看门狗两三只。

乙：那狗找到了吗？

甲：没有。就因为这个，当晚我家就被偷了。

乙：……

巧用语言艺术，让他人不自觉的跟你走

要说服一个原本不愿意做某件事的人去挑战某件事情，绝不单单只是依靠批评。高超的本领和富有表现力及说服力的风度可以让你真正感染到别人，别人因此而认同你的观点，心甘情愿地为你做事。

想要说服一个人，首先要注意几点，词语使用的恰当程度，是否能让对方感同身受，是否能让对方有愉悦感。声调和谐悦耳，艺术韵味浓郁，创意新颖，富有艺术感的语言才能具有美感，才具开展心理攻击力，达到良好的效果。

一个人不论在生活中还是工作中是否能达到所需目的，在很大程度上都取决于和别人的沟通过程。在工作中你可能常常会有这样的疑问：自己工作能力不比别人差，工作态度也是勤勤恳恳、兢兢业业，这么多年了领导就是不赏识你，久而久之你就会对自己的能力产生怀疑。可事实上并非如此，关键原因是你不善于沟通，没有让领导认识到你的能力所在。

在广州某星级酒店，一位外宾在就餐后，顺手牵羊把精致的景泰蓝筷子悄悄地放在衣兜里。

这一幕恰巧被在一旁的服务员撞了个正着，只见她缓缓走向这位外宾，双手向这位外宾递送过来一个装有景泰蓝筷子的小盒子，并且对这位外宾说："在您就餐的时候，我发现您对我们的筷子爱不释手，感谢您对我国工艺品的喜爱。为了表达我们的感激之情，我代表酒店，将这双严格消毒并图案精美的景泰蓝筷子送给您，并按照酒店的'优惠价格'给您打个折扣，您看好吗？"

这位外宾自然也明白了服务员的意思，在表达了谢意后解释说自己喝多了，所以误将筷子放进了自己口袋。然后，给了自己一个"台阶"下，说：

“筷子没有消过毒是不能使用的，我就‘以旧换新’吧！”说着，将筷子放在了桌子上。

人人都有做错事情的时候，但是，多数人为了保全面子都会说些谎言给自己个台阶下，如果总是直言相对不讲究方式方法的话，只会使事态变得更严重。你给对方留有余地，一般来说，对方也会买你的账，而且，会因为你的嘴下留情而感激你。

一家商场来了一位顾客，要求退换一套西装。这套西装明明已经开封穿过，并且商标也被撕了下来，只是她丈夫不喜欢，她坚持说“绝没穿过”。经售货员检查后发现该西装明显有干洗过的痕迹。但是，顾客已经说过没穿过，并且伪装了穿过的痕迹，如果直言了当的去说，肯定会发生争执。

于是，售货员换了一种方式委婉地说：“是不是您家里的某位成员把这件衣服错送到干洗店了。我之前也有过类似的经历，我把刚买的衣服和旧衣服都堆在了沙发上，结果我丈夫没注意就把所有的衣服都塞进了洗衣机。因为这件衣服的确有已经被洗过的明显痕迹，所以，我怀疑您是否也遇到了类似的情况。要是您不相信的话，您可以拿这件衣服和同款式其他衣服对比一下。”

顾客比较了一下后知道没什么可说的了，而售货员已经给了她一个台阶下，给她留足了面子，于是她顺水推舟，将衣服收起。

所以说增强语言感染力，关系到你是否能够去说服别人。

那么，所谓攻势就是用强势的态度迫使别人服从吗？

常言道“得饶人处且饶人”，人都是有尊严的，每个人的尊严是不允许别人轻易践踏的。如果仗着自己有理，就一味去指责别人，肯定会让事情陷入到更糟糕的境地。一句或两句体谅的话，不仅能保住他人颜面，还能体现出你的宽宏大度。

小故事

甲：老婆，今天你管儿子，我说什么他都不听。

乙：别人都很怕你，儿子难道不怕？

甲：我属虎，他属牛。你没听过初生牛犊不怕虎吗？

乙：……

借他人之口，说服对方相信自己

在现实生活中，人都有这样一种心理：当你在某方面认识得比较深刻时，就想让全世界都知道。但即使在某方面你能证明你确实是权威，还是可能遇到尴尬：别人会认为你不过在自卖自夸。这样势必会导致人们讨厌你，对你的建议置之不理。此时我们为什么不向狐假虎威故事中的狐狸学习呢？为什么不借他人之口（不包含自己的亲属，如爸爸、妈妈）为自己做广告，说服他人相信自己呢?

在社会活动中，我们完全可以借助别人的力量来发展壮大自己，当你自己还是一只“狐狸”的时候，要想说服别人对你刮目相看，你先得找一只“威猛的老虎”。现实中的狐狸永远都无法变成老虎，而你却可以借助“老虎”的力量成长为一个真正的强者。

这一说服方法很多人都表示赞同，他们采用之后也取得了很好的效果。一著名外资企业欲招聘高层管理人员，丰厚的薪水、优越的待遇吸引了众多人士前来应聘，其中不乏博士、硕士，也有原本就是外企员工的。但令大家意想不到的是，最后胜出的却是一位只有大专学历、也从来没有外企工作经历的“无名小卒”。在谈到何以制胜时，这位先生道出了他的“法宝”：同行中的资深人士××，在我的简历上写了一句推荐我的话。

也许你心里还有些顾虑：人们在弄清真相后，会不会对你产生偏见呢？这点你大可不必担心，因为几乎没有人会用情境归因（如利益上的交往）来解释他人行为。心理学家称这种判断偏见为基本归因误差。

基本归因误差也被称作基本归因偏差或基本归因错误，指的是即使非常强大的环境力量在起作用时，人们仍然表现出以行为个体的特征来解释人类行为的倾向，即这种只重视性格因素而忽视情境因素而造成的对行为解释的偏颇倾向。例如，当销售代表的业绩不佳时，销售经理倾向于将其归因于下属的懒惰而不是客观条件的影响。

斯坦福大学商学院组织行为学教授杰弗里·菲佛对此进行了研究，认为人们用基本归因误差看待他人的行为确实存在，这正说明了通过第三方来肯定你的能力，对大众具有说服力。

在实验中，杰弗里·菲佛要求参加实验的人假设自己是一位编辑，正审核某位知名作家的作品。杰弗里·菲佛要求他们读部分文章前言，其中一组参与者读的是由第三方转述的作家生平成就，另一组参与者读的则是作家自己的描述。杰弗里·菲佛研究发现，前一组比后一组参与者更加喜欢该作家。这也证实了基本归因误差确实存在。

可见，让合适的第三方为你做广告，对说服他人很有帮助。

有一家地产公司就是用这种方法说服顾客的。这家地产公司的业务部门分为两部分：房屋销售部和租赁部。在2012年之前，他们的业绩平平，然而在做了一点小的改动后，他们的业绩一下子提升了50%。这个小小的变动是什么呢？

2012年之前，当某位客户打进该地产公司的电话时，接线生都是这样说："哦，您是找租赁部。请您稍等，我马上把电话转给吕兰兰。"或者"哦！您是找销售部，请您稍等，我马上把电话转给王晶晶。"

做了改动之后，接线生为顾客转接电话时加上了负责人的资质说明，"哦，您是找租赁部。那您应该找吕兰兰小姐，她对这附近的租赁业务十分精通，已有10年的经验了。我马上为您转接。"或"哦，您是找销售部，我会为您转接王晶晶小姐，她是部门经理，在这行已经工作了8年。"

接线生说话的转变有以下特点：第一，情况属实。吕兰兰确实从事租赁业务10年了，王晶晶也确实有8年的销售经验。但如果这些话出自吕兰兰和王晶晶之口，顾客很可能会认为她们在吹嘘，因此可信度大打折扣。第二，接线生与吕兰兰和王晶晶之间的关系如何，是不是从中受益，顾客不会考虑。第三，50%的业绩提高就是这种说服力的证明。第四，这只是一个小小的改变，说服成本为零，不用花钱让接线生去做专门的训练，也不需要接线生有高深的知识。

当然，需要注意的是，运用狐假虎威定律的时候，不能有任何邪恶之心，否则，只能引火烧身最终败坏自己的名声。

小故事

甲：我一年换了两个丈母娘！

乙：你小子可以啊！

甲：不是我可以，是我老丈人可以！

乙：……

说服不了，就用真诚打动对方

有心眼的人懂人情、通人情。他们懂得通过以情动人的方式，会让他人做起事情来事半功倍，远比以理服人来得快。这是一种将心比心、设身处地的情感体验态度。时时处处想着对方、理解对方，主动了解并想方设法解决他们的实际困难。另一个方面来说，就应该“己所不欲，勿施于人”。

一天，一位老妇人向正在律师事务所办公的林肯律师哭诉她的不幸遭遇。她是位孤寡老人，丈夫在独立战争中为国捐躯，她靠抚恤金维持生活。前不久，她被抚恤金出纳员勒索要交一笔手续费才可领取抚恤金，而这笔手续费是抚恤金的一半。林肯听后十分气愤，决定免费为老妇人打官司。

然而，由于出纳员是口头勒索，没有留下任何凭据，结果原告反被指责无中生有，形势对林肯极为不利。在这种艰难时刻，他依旧十分沉着、坚定。他眼含着泪花，沉痛地回忆英帝国主义对殖民地人民的压迫，爱国志士如何奋起反抗，如何忍饥挨饿地在冰天雪地中战斗，为了美国的独立而抛头颅、洒热血的历史。最后，他说：“现在，一切都成为过去。1776年的英雄，早已经长眠地下，可是他们那衰老而可怜的夫人，就在我们面前，要求申诉。这位老妇人从前也是位美丽少女，曾与丈夫有过幸福的生活。不过，现在她已失去了一切，变得贫困无靠。然而，享受着烈士们争取来自由幸福的某些人，还要勒索她那一点微不足道的抚恤金，有良心吗？她无依无靠，不得不向我们请求保护时，我们怎么能熟视无睹呢？”

法庭里充满哭泣声，法官的眼圈也发红了，被告的良心也被唤醒，再也不矢口否认了。法庭最后通过了保护烈士遗孀不受勒索的判决。

没有证据的官司很难打赢，然而林肯成功了。这应归功于他的以情动人，驾驭了听众及被告的心理，达到了理智与情感的有机统一，收到了征服人心的效果。

因为人是有感情的动物，以情动人是打动对方的最佳方式。如果说，别人伤心的时候，他居然无动于衷；别人遇上困难的时候，他不能帮人排忧解难，甚至连顺水人情都不肯做，那就是不通人情。这样的人也不会得到别人的同情和帮助。那么，他做起事来就会更加吃力，以致事业很难成功。

懂得做人情，懂得换位思考，那么看待问题、处理事情、解决矛盾，就会多一些理解、多一些智慧、多一些方法，做起事来也就更顺手。在现实生活中，需要人们换位思考的地方不胜枚举等。

说话办事要言之有据、言之有理、言之有物，就是以理服人。它远比以情动人来得慢。因为，在日常的待人处事过程中，经常会遇到一些脾气很怪的人。总有一些人“吃软不吃硬”。对待这种人，来强硬的不行，道理不能轻易地动摇他，那就来软的，用情感动他，之后的事情就好办多了。与某人打交道时，最好要适应对方的性格，尽量与他说软话，说尊敬他、赞美他的话，以博得他的同情、理解、宽容、原谅，才能获得他的支持帮助，从而达到自己的目的。

总之，以情动人比以理服人来得快，这是待人处事时颠扑不破的真理。不管你是什么身份的人，都不能以个人之好恶定夺、处事，而要根据事情的情理来决定如何做，这样才能博得人们的信服。就是说，要通晓人情，学会将心比心、换位思考，遇事要仔细揣摩对方，设身处地地为他人着想，通过沟通说服他人，使其感到来自你的真诚，并以同样的真诚回馈给你，以达到你们之间的和谐。

小故事

甲：给我称点香蕉。

乙：十块零五毛的。

甲：十块钱吧。经常在你这里买香蕉。

乙：你骗人有点诚意好吗？我都半年没在这里摆摊了！

甲：……

说服别人之前先要说服自己

如果你希望在某件事上说服某人，那么首先就要在这件事上说服自己。也就是说，你必须坚定不移，才能有成功说服别人的可能。如果你自己的观点就是摇摆不定的，那么最后不一定会说服对方，反而有可能让对方把自己说服。比如，销售人员要想将自己的产品成功推销出去，那么自己首先也要相信产品的性能是良好的，是值得人们花钱来购买的，这样才能在推销的时候底气十足：演员要想将戏演得逼真，就要身临其境，相信剧情真的发生在自己身上，那么表演的时候才能够将观众带入逼真的情境……简单来说，就是我们若想让对方认可某件事情，那么首先要让自己彻底地认可这件事情，无论对方如何质疑，自己都不能动摇。这就是所谓说服别人时的“刀子心”。

“刀子心”是否要通过“刀子嘴”来表达呢？不一定，或者说这不是最好的说服别人的方式。如果你想说服别人，那么你的信念应该无比坚定，这是毋庸置疑的：但如果你的口气也非常严苛，容不得对方喘半口气，或者不给对方一点儿回旋的余地，那么即使你真的说服了对方，那么也是强迫来的。俗话说“强扭的瓜不甜”，对方即使嘴上承认被你说服，内心也不一定会真的信服。这样实际上也没有达到真实的说服效果，反而会让对方对你产生畏惧、厌恶心理。

林夏高考考出了一个非常不错的成绩，全家人都特别高兴。但在报选专业上，林夏与妈妈产生了分歧。林夏想报对外经济与贸易专业，但妈妈想让女儿报工程管理专业。对于女儿的前途，林夏的妈妈可是没少费心思。这次，她四处托人打听什么专业最热门、什么专业将来好找工作。打探的结果，就是她单方面敲定了工程管理专业，一定要让林夏报这个专业不可。

母女俩为此争执了很久，林夏说："我最喜欢英语，希望将来的工作能在英语方面有所发展。所以，对外经济与贸易专业最适合我了。而您说的工程管理专业，将来参加工作可能要天天待在工地，那不是我想要的。"而林夏的妈妈立刻回答："做建筑管理的女孩多得是，我觉得挺好的。你那个对外贸易，将来的工作是不是经常到各地出差？这岂不是更不好？不行，我坚决不同意。你必须要报我说的这个专业，其他的一律不许报。"妈妈的口气如此强硬，林夏没有办法，一气之下摔门而去。过了几天，林夏从学校回来，告诉妈妈，自己已经填报了对外经济与贸易专业，不能再更改了。

林夏的妈妈说服别人的方式就是典型的"刀子心、刀子嘴"，她并没有从专业优势角度给女儿晓之以理，而是直接就否决了女儿的想法，企图将自己的意志强加给女儿。这样的说服效果当然不会好。反过来，假如她能换一个说服方式，首先用商量的语气告诉女儿两个专业各自的优势，以及自己希望她选择工程管理的理由：接着，再表达自己的意见"仅供参考"，最终决策还是由女儿自己做主，那么相信林夏就会平心静气地思考两个专业孰优孰劣，最终也许会选择妈妈为她挑选的专业。这样"刀子心、豆腐嘴"的说服方式，不但能够取得更好的说服效果，还不会伤害母女间的感情。

由此可见，无论你身为一家之主想要说服孩子，还是高高在上的领导想要说服下属，无论你改变对方的意志多么坚决，你所采用的方式都应该是心里硬、嘴上软。这样的说服效果，往往要远远好于将自己的意志强加于人的做法。

小故事

甲：听说你今天早上被主管给骂了！

乙：是啊。不过没关系，都说主管是刀子嘴豆腐心，我想他也是为我好！

甲：是啊！冻豆腐也是豆腐啊！

乙：……

第七章

学会拐弯抹角，运用逻辑绕晕对方

说服要有逻辑，结果不同凡响

历史上的革新运动、文化运动带来社会性心理的整体变化。要达到的果与领导者的手段和需要达到的目的有关。

彼得一世是一位天才的改革家。他的改革几乎涉及社会生活的各个领域。他一生共颁布了三千多条法令，进行行政机关、军事、工业、军队等改革，并建立了众多学校与科学院，派遣年轻人出国学习。俄国在这样的洗脑风暴下，理性压倒了愚昧，科学之光普照。经过改革俄国迅速赶上了世界先进潮流。难怪彼得说："虽然我未能亲手建成强大的俄国，但是我的子孙会沿着这条道路走下去，直到目标实现。"

再来看看改革对社会所产生的影响：国力的壮大，整体实力得到了巨大的提升，使得俄国跻身于欧洲强国行列。改革给俄国社会带来了翻天覆地的变化。

资产阶级革命之父卢梭说："我们把真理灌输进人脑，是为了其不被谬误占领"。而人的一生中，教育是最能帮助人排除谬误的。所以，被真理占据，和被谬误占据，必然是两个极端。当真理体系在我们的大脑扎根，封建迷信就很难进驻。

很多人都认为营销高手与顾客谈判，很少谈事，而大多时间都在做两个工作：

- 研究顾客的弱点。
- 反复谈产品的好处和施加影响。

这种认识只看到了表面，实际上1是为了赢得顾客的好感，而2则是为了让顾客认同产品。这两点做得比较成功后，大多数顾客便会在你所介绍的产品中进行挑选。而被洗脑不彻底的顾客，依然怀着对产品将信将疑的想法，想再看看，再对比一下。对这类客户需要进行二次洗脑。

观念的冲击发生在我们生活的方方面面，虽然你不了解它们，甚至不认识它们，但是很多观念已经被巧妙地“种植”到了我们的脑子里。

有段时间皖酒王大卖，在黄金时间插播广告，人人都对那句广告词耳熟能详：“滴滴甘醇，品质流金。”

有顾客到商场买酒，听说有酒降价，蜂拥而去。在产品品尝区，很多顾客问道：“不知是不是和皖酒王一样，滴滴甘醇，品质流金？”

很明显那句深入人心的广告词变成了人们判断酒好坏的标杆，他们被洗脑了。

最有趣的是，大多被广告迷惑的客户，并非我们的准客户，他们却对我们的产品有独家见解，会给销售人员讲我们的产品应当向某某产品看齐。而可悲的是，我们的销售人员听完也常常被顾客说服。如果业绩不好，他们愁眉苦脸地说：

（1）价格定得太高了。

（2）我们产品的知名度太低了。

（3）我们得增加点信誉让顾客更信得过我们。

听到这些话你不得不佩服，顾客的看法使得销售人员丧失了自信，总以为顾客的意见才是对的。其实顾客所说的这些话，无非是从自己利益的角度出发而来。业绩不好，可能是销售人员锁定的顾客群体有偏差。而被顾客说服，根本的原因是销售人员还没有深层次地了解自己的产品，没有掌握顾客的详细信息，在这几种情况下进行工作，被顾客牵着鼻子走就不奇怪了。当你抱有和顾客同样的看法时，你已经被顾客说服了。

我们每天都会被大量的信息包围着，这其中有些可以为我们所用，而有些则是负面的。比如，那些禁烟禁酒的广告，是对我们身体健康有益的。而有的广告夸赞拥有某物人才真正得到满足，这类广告是想让我们掏腰包。

小故事

妹：哥，给你介绍个女朋友，你要不？

哥：谁呀？

妹：我们班主任，可漂亮了。

哥：为什么介绍给我啊？

妹：以后我不写作业，她要敢骂我，你就和她分手。

哥：……

模仿也要做到不露痕迹

我们都有这样的经历：在许多大型餐馆里，点菜完毕后，服务生要么一声不吭地走开，要么淡淡地应一句“好的”就算了事。显然，与这样的服务生相比，复述订单的服务生会得到顾客的更多喜欢，因为后者不会让顾客担心自己点的红星二锅头，送来时却成了牛栏山二锅头。

心理学教授瑞克·冯·巴伦做过一个实验，他发现只要服务生在顾客点菜时能逐句复述，就能让自己的外快更加丰厚。不需要更多的解释，不需要更多的点头示意，也不需要说“好的”，只需要逐句复述，就能充实自己的腰包。据一项调查显示，按照上述方法接待顾客的服务生比那些一声不吭或者淡淡地应一句“好的”的服务生得到的小费高出70%。

为什么不留痕迹地故意模仿，能引发对方的好感，得到更多的小费？也许这和我们潜意识里喜欢和自己相似的人有关。从心理学的角度来讲，肢体动作是“内心交流”的一种方式。两人彼此把对方作为所效仿的对象，应该是相互欣赏或有相同的心理状态。事实上，查坦德和巴奇教授认为，对他人的行为进行模仿能增进情感，还能巩固当事双方的关系。

某位心理学家做了这样一个实验：他在大街上随便找来两个被试者，要求他们分别与某位研究助理进行简短的交流，然后说出他们对这位研究助理的印象。这位心理学家又要求这位研究助理对其中一个人的行为照葫芦画瓢：如果他双臂交叉地坐着，还不时用脚轻敲地面，研究助理也要完全照抄；对另外一个人的行为则不必模仿。

实验结果表明，被模仿的那个人更喜欢这位研究助理，并且认为与他的接触很愉快。同样，服务生在顾客点菜时逐句复述，也是由于获得了顾客的喜欢，得到了更多小费。

威廉姆·麦达克斯的实验也能证明这一点。

在他的某次实验中，他请来了一位非常优秀的谈判者，他让这位谈判者代表某个公司分别与两家公司的谈判人员进行相同的谈判，并要求在与一个公司谈判时，对谈判一方进行模仿，如对方喜欢跷着二郎腿，他也要做出相同动作，而与另一个公司谈判时则不需要。结果显示，与前一家公司谈判只用了一个小时彼此就达成一致意见，而与另外一家公司则用了两天时间。

威廉姆·麦达克斯认为这是因为模仿行为会增加信任感，而信任感会促使一方愿意披露细节，从而达成一致意见。

或许你有这样的体会：当对方和你坐在同一张桌子旁进行谈判时，你无意间发现自己摆出的动作和对方一模一样。发现这一点后，你会马上调整为不同的姿势，因为你觉得这样不自在。但威廉姆·麦达克斯的实验告诉我们，不留痕迹地模仿能让双方受益，至少让你的成功不是以牺牲旁人为代价的。

不留痕迹地模仿在其他场合也同样具有说服效果。

高远是某电器公司的电话接线生。有一次她讲述了这样一件事：

一位愤怒的顾客打进电话要求与经理通话，他对公司的售后服务非常生气。接到电话后，高远对这位顾客说：“很抱歉让您苦恼了。”

“我是苦恼吗？我这是在生气。”顾客提高了音量。

“是的。我能听出您很烦恼。”

“烦恼？是烦恼吗？我不烦恼，我是生气！”这次顾客的声音更大了。

谈话很快上升为一场为表达意图而进行的争论，顾客为高远不承认他生气这一事实愤怒无比。

讲述完她的故事后，高远问我：“为什么会这样呢？”

“其实，这不是你的错，只是你忽略了复述他人意思的重要性。如果你把顾客的话简单地复述一遍，就不会弄成此番局面。”我说。

“是吗？下次再遇到这样的情况我试试你的方法。要是管用我请你吃饭。”高远回答道。

“请相信我，你只要说‘很抱歉让您生气了。我们能为您做什么吗？’就行了。”我说。

果然，高远在工作中再也没有让一件事情发展成那样的局面。我当然也美美地吃了一顿。

值得注意的是，在效仿对方的举止时，要不露痕迹，否则，让人误认为你是在故意取笑他或讨好他，反而坏事。

小故事

甲乙是兄弟，乙一直喜欢模仿甲。

一天，甲和朋友聊天。

甲：有一天，我骑摩托带了个女孩，路上想吻她，可女孩没答应。我太伤心了，就把女孩扔在路边，自己回来了。

乙听到了甲的谈话，第二天无聊楼下骑自行车，遇到邻居小女孩跑来坐在车后。

乙：我吻你一下可以不?

姑娘：可以啊!

乙：糟糕！情况不符合啊。我下来，你自己骑车回吧!

姑娘：……

用数据说话，你的说服更有力

当与人辩论时，想要使对方心服口服，一般都要通过讲道理让对方无力辩驳。不过，如果你面对一个很强的辩手，或者你的语言驾驭能力有限，通过讲道理说服对方恐怕就不占优势。这时候，引经据典的策略便可以大显身手了。

有了事实根据为自己撑腰，会立刻让对方百口莫辩。要注意，所引用的别人的话、调查研究数据、真实发生的案例，最好是众所周知的，只有被人们普遍承认的事物才能被人认同。

俗话说得好："事实证明一切。"不论多么伶牙俐齿的人都不得不向现实低头，关键时刻亮出"事实"这张毋庸置疑的王牌，一方面可让对方无力继续坚持自己的意见；另一方面也会从心里承认你的能力。

假如你是售楼处一名职员，有人问你此处楼盘距离公交车站有多远，一般人的回答是"大约两千米吧"，而你的回答是"1.85千米"，由此一来，对方就会认为你所说的千真万确，对你的信任感也会加强，甚至会产生"距离一定不会太远"的感觉。而"大约两千米"的回答会让人产生一种隐瞒真相之感，使他人对你及你所说的话产生怀疑。

这里，一种很有说服力的摆事实的方式就是——用数据说话。

很多时候，"我认为"、"我的建议是"等类似的话语一出，人们就开始从你的观点中搜寻漏洞，准备进行反驳。无论你使用多么温和的口吻，都会给人一种强加于人的感觉。与其主张自己的意见，不如借助数据来说话。你不妨以"根据XX研究所的数据"作为开头，告诉别人你是一个热情的信息传递者，并没想要操控或强迫对方。这样对方就会欣然接受你的信息，并且按照信息所指的方向展开进一步的思考。

心理学家麦克洛斯基在对21项有关说服的实验进行仔细调查后，确认了“在有数据和事实的情况下更容易顺利说服别人”这一结论。根据麦克洛斯基的观点，如果你已经掌握了如下数据，只要你出示它们就能轻松说服对方。

（1）出人意料的珍贵数据；

（2）值得信赖的数据；

（3）从很多人手中收集到的数据；

（4）专业性的数据；

（5）多重数据的组合。

数据对人具有不容争辩的压力，哪怕根本不愿意服从你的人，面对数据也无力反驳。利用数据说话还有一个明显的好处，就是借助数据表明个人想法，即便对方有意见，也无理由把反对的苗头指向你本人，因此避免了与人发生正面冲突。

的确，只要有事实做支撑，不用做过多的解释，再顽固的人也只能接受你的观点。有趣的是，这里重要的是要“有事实”，而“事实的真假”有时候并不重要。简单地说，只要让你所说的话“看上去像是事实”就可以达到目的了，而不必一定就是真实的。

例如，如果你想要强调一种线非常细，告诉对方这线直径只有20微米，真实性顿时就体现出来了。即便线的真实直径是23微米，也没有多大的妨碍。看起来像是事实，说服力就会获得提高。

与此同时，说服者必须引起重视的是，虽然事实并非绝对真实，但我们也不能毫无边际地大说特说，而忘记了最具说服力的永远都是事实本身。实际上，很多时候，只要把与问题相关的事物讲清楚、讲透彻，说服他人也就水到渠成了。

小故事

甲：听说你的电脑坏了？

乙：没有啊。只是送到后勤去了。

甲：哦？是要给你配新电脑了吗？

乙：哪儿有啊，他们要看电脑里面的数据，要我拿移动硬盘给他们。我哪儿知道哪个叫移动硬盘，就把电脑整个搬到后勤了。

甲：……

让客户把目光聚集在优点上

我们在与顾客接触时，要尽量把对方的眼光转移到自己及产品的优点上来。但在交往过程中，就逻辑上来说，顾客一定会先了解产品的各种功能，然后找到和自己的需求吻合的部分，而产品功能与客户需求完全不吻合的部分，就成了顾客购买的障碍。

既然是客观存在的障碍，能够克服吗?

大多数人的思维就停滞在这个点上。

事实上，我们不需要攻克障碍这个难题，而只需要将产品的优点完整地表达出来。

就比如歌手而已，没有那么歌手是那么完美无缺的，但这也不妨碍很多人们对歌手的喜爱。这说明，观众购买的是他们的需求，而对于那些“瑕疵”是可以忍受的。就像我们手中的产品，有优点也有一定的缺点，那么——我们尽量不要将自己的和产品的缺点暴露给客户，而当客户揪着缺点不放的时候，你完全可以告诉客户：

相对来说缺点不是那么糟糕，其他产品也有。

我们产品的优点却是别的产品没有的。

而让客户更多地感觉到产品的优点。在一个直面缺陷的目光下，如何合理地将注意力转移到自己及产品的长处上，这才是思维的高手要玩的手腕。产品的实用性是前提，那么在这个前提下顾客即使察觉到你有意这么做，也不会觉得自己被欺骗，你只是在思维上将局势转换成有利于自己的面。

假设你并不是一位口才出众的人，但是却能将各种产品的功用分析得非常清楚，这就是你不同于他人的优势。很多公司会在大会上表彰那些业绩突出的人员，鼓励人们要向他们学习。人们就会产生这样的想法：被表彰者业绩突出，是通过口才和人脉实现的。那么从众心理就驱使大家都向这个方向发展。但是事实上，每个人的成功都有个体的特点。不是每个人都能够通过努力到达别人的目标的。在他人成功的时候，我们要转换思路，看哪些地方是值得我们学习的。

诺贝尔化学奖得主奥托·瓦拉赫在进入化学领域前，曾进入格丁根大学学习，攻读文学，但是成绩却不太理想，老师认为他虽然非常用功，但是太拘谨了。而文学需要有充足的想象力，即使瓦拉赫拥有完美的品质，这样的个性在文学上也发挥不出来。

既然这样瓦拉赫只得改学油画，这次上帝又和瓦拉赫开了大玩笑。他对艺术的理解力不强，不善于构图也不怎么会调色，成绩是班上倒数第一名。校方给予他的评价是："你是绘画艺术方面的不可造就之才。"在艺术领域的这个可以称之为非常"笨拙"的学生，大多数老师都认为他没有成才的希望了。只有一位化学老师发现他做事一丝不苟，这种品格正是化学实验所必备的。于是瓦拉赫又师从韦勒攻读化学，这一次转变将瓦拉赫的智慧火花一下子全点燃了，他的严谨使得他在这个领域获得了突飞猛进的发展，1910年获得了诺贝尔化学奖。这个"笨拙"的奇才正是找到了自己的位置，经营着自己的强项才获得了登峰造极的成就。

有的弱项可以通过努力转化而消失，但是那些固有的弱项，如：相貌，体格，病理等方面的差异，是无法改变。人人都希望自己表现出来的是强的一面而极力掩饰弱的一面，但是也有很多人懂得将弱的一面转化为力量。这就是弱项资本。这种资本是那些在这个方面是强项的人，所不能获得的。这种力量是心理资本，即心理财富。

西奥多·罗斯福42岁就任美国总统，是美国最年轻的总统，也是美国历史上最伟大的总统之一。然而，这位政治家年幼的时候却是一个颇有缺陷的人。小时候他非常胆小而脆弱，上课的时候被老师提问，会惊恐地站起来，双腿与嘴唇颤动不停，说话声音根本听不清。而且他的长相也不清秀，我们会以为像他这样有着龅牙，性格又很敏感的孩子会想办法回避多彩的生活，因为大多这样的孩子都有安静的性格，沉默寡言。但是罗斯福却不是这样，他拥有一种坚韧的奋斗精神。他并没有因为自己的缺陷而放弃努力，相反，这些缺陷反而增加了他奋斗的热情。面对他人的嘲笑，他更加挺直了腰杆，用他坚定的意志使自己在说话的时候不再颤抖。成长过程中，他通过这种坚强的意志，克服了与生俱来的许多缺陷。

在别人为自己的缺陷气恼的时候，罗斯福却把他们转化成了成长的资本。他一次次地用自己的方法战胜了这些缺陷，逐渐不再惧怕别人提起。

盖茨说："我们尊敬罗斯福，同时，也希望能像他一样，为改变自己的命运做些努力。如果我们尝试着去做一件还有点价值的事，失败了，我们便借故来掩饰自己，那么我们就是在以自己的缺憾为借口。"

缺憾原来并不可怕，缺憾也可以转化成成功的动力。经营自己的长处，并将弱项转化成资本，这样的人还有什么力量能阻挡他成功呢？假如你不是一个臂力过人的人，何必非要成为举重运动员？每个人都有自己的特性，就像一个人在某些方面有着自己不可抗拒的缺陷，就根本没有必要较劲，而非要在这个方面与他人争高低。对那些我们不能做成功的事，没有必要在上面浪费精力。显而易见，那些懂得经营自己强项的人是睿智的。同时，也要学会承认缺憾，想办法把弱项变成资本。

我们越将长处经营得好，就越杰出。这种思路放在产品上同样适用，不要拿自己产品的弱点去和其他产品比，只要有一个相似的类比即可。

小故事

甲：说说你的优点和缺点。

乙：我的优点是个人形象比较好，长得比较帅，这样能给客户留下好的印象。

甲：那你的缺点呢？

乙：我的缺点也是个人形象比较好，长得比较帅，这样客户只能注意到我的外表，而容易忽视我的能力。

甲：……

心中没有目标，只会被牵着鼻子走

在一片大沙漠里，一位父亲正带着他的孩子们去猎杀骆驼。

当他们到达目的地后，父亲问大儿子："你看到了什么？"

大儿子环顾四周后回答："蓝天、白云，还有一望无际的沙漠，还有沙漠上的骆驼。"

父亲听完，不置可否，继续问老二："孩子，你看到了什么？"

二儿子也四处看了看，说："蓝天、白云、沙漠，还有沙漠上的骆驼和我们这些行人。"

父亲依然不置可否，继续问老三："儿子，你看到了什么？"

只见这孩子看着远方，只说了两个字："骆驼。"

父亲高兴地摸摸老三的头说："你说得好，我们就是来找骆驼的。"

可以说三个孩子中，只有老三没有忘记这次来的目的。那么老大和老二则因为关注的信息太多了，反而分散了对目标的关注。

一个人闭上眼睛什么也不想，一分钟后睁开眼睛，回忆一下你这一分钟有多少个念头闪过。我们惊异地发现，有的人这一分钟之内有几十个甚至几百个的念头闪过，而念头少的人也有3~5个。一分钟就会产生这么多的念头，而停下来思考就更不用说了。我们要在这么多的念头中理清思路，看清真相真是一件不容易的事情。因为关注太多而忘记目标的事情，在我们的工作中屡见不鲜。很多人因为要做个汇报，于是罗列了大量的数据，做了很漂亮的PPT，最后却忘记了自己做这些的目的。

管理专家彼得·德鲁克1954年在《管理实践》中最先提出"目标管理"的概念，他认为，不是因为有了工作才有目标，而是有了目标才能确定每个人的工作。因此，企业的使命和任务应当转化为目标。假如某个岗位没有目标，那么这个岗位的工作就很容易被忽视。所以，管理者要通过目标对下级进行管理。当一个组织的最高领导层确定了目标以后，就要对这个目标进行有效的分解，把它们转化成阶段性的和个人的目标，这样，管理者下达的目标任务才方便进行考核。

在与他人的交流过程中，心中没有明确的目标，很容易在谈话中迷失方向。原本或许你怀揣着要说服他人的意愿，结果和客户谈的是其他不相关的问题。最后是被客户牵着鼻子走。

那么哪些人最容易在操纵他人的思维中迷失?

•目标过大的人。

虽然那些没有为自己设立目标的人有时也会有所收获，但那带有很强的偶然性。为了避免在与顾客的沟通中迷失自己，我们要将目标设立得合理。这就要求我们学会将大的目标分解开，变成一个个小的可以看到结果的目标。这样在心理上才更有动力。

那些遥远而不切实际的目标会使人失去方向感，因为你很难搞清楚这次活动结束是否更进一步靠近了目标。目标过大，即使靠近了也感觉不到，那么没有靠近目标似乎对远大的目标来说，也不过是一点点偏差，你不会感觉它影响大局。人的心理就是这样，任何不确定的假设，对结果都是有损害的。

•没有目标的人。

没有目标的人，做什么，不做什么，都感觉不重要，因为没有成就感也就没有压力，没有荣辱感。要是没有目标，个人的业绩也得不到提升，公司肯定像大家说的那样，很快就完蛋了。所以，目标对个人的提升作用是非常明显的，有目标就有了追求，有了追求你就会去想办法。目标就是一种期望，它会带来实现期望的动力。

大到一次销售活动的组织策划，小到一次客户的谈话拜访，心中没有目标，机会再好也没有用。

有些刚刚进入职场的年轻人，面对大客户的时候会慌了手脚，在交谈中被客户牵着鼻子走，最后完全丧失了“还手之力”。就好像跟客户的这次交流是一次探险，自己的招数用尽都不如客户来头大。这是明显是销售人员将个人的目标设立得太小的缘故，并不是个人水平高低的问题。

有个有趣的故事，讲的是一个渔夫下海捕鱼，收网的时候他却把大鱼都放掉，只留下那些小鱼。有人感到很奇怪，问他为什么要放掉大鱼？渔夫回答："我家只有一只小锅，那些小鱼正好能放下。"

这与面对大客户慌了手脚如出一辙，认为自己没有能力消受大鱼，所以只能放弃。这是借用了现实里用某事物的局限性来度量自己能力的例子，这样的销售人员难以完成大任务，他们用过于小的目标来限制了自己潜能的发挥。再棒的业绩也是人做出来的，没有人规定新手就不能作出大的业绩。

我们可以把大客户这条"大鱼"分解成小目标来攻克，不让对方把自己搞得团团转。

客户的需求依然是第一位的，先弄清楚客户的需求是什么，根据客户的需求来提供方案。当然，如果是你是新手，你的服务和需要注意的地方很多，你担心不能服务得很周到也很正常。这时，你完全可以坦诚地询问客户，需要什么样的服务？顾客了解你希望能服务得周到，怕怠慢他们的心理，会觉得很舒服，也会对你增加好感。

用询问的方式来拉近距离，只要客户提出了要求，你便非常容易锁定范围。

第二步如何满足需求。假设你是保险业务员，刚结束培训对保险知识还没有完全领悟，这时可以请你的上级主管来协助洽谈。假如客户的需求不明显，只是试探性的了解行为，你可以在介绍产品的同时，介绍公司的实力，品牌的影响力等等。

不暴露自己想说服客户的心理，但也不要让客户牵着鼻子走，的确是一件非常难的事。只要你将说服客户这个大目标分解成小目标，在每次行动中调整自己的战术。我们甚至可以将自己的目标分解到每天的每个小时来完成，这样你不但不会迷失自己，效率也颇高。

大客户是你的练兵场，每个成功的销售精英都有过跟大客户"过招"的经验，他们能提升你的心智，让你水涨船高。有过这样的经历，以后面对其他目标，你的困惑就会减少很多。高山尚不在话下，小丘如何能阻挡你的脚步？

小故事

甲：你为什么把地理分数目标定在八十，而把数学语文分数目标定在七十？

乙：我要是学好了地理，语文数学都挂科后，我就可以逃到天涯海角。

甲：天涯海角那走得多苦，你还不如学好语文，找个更容易去的风景不错的地方。

乙：我倒是会背很多唐诗宋词，但里面的都是名山大川，容易被找到。

甲：那是你没学《桃花源记》，否则到世外桃源多好。

乙：说得有理，不过你得替我保密啊！

甲：……

说服要循序渐进，不可一步登天

在说服过程中，你可以通过提出一点点小要求来获得长期的满足，通过点滴的渗透，一步步地使对方接受自己的观点。这便是人们常说的“大处着眼，小处着手”的道理。如果你能在说服中熟练运用这一技巧，你的请求就会很容易得到对方的同意。

为什么先提出一个小要求，再提出大的要求，说服对象就容易接受呢？这可以用心理学上的“登门槛效应”来解释。心理学家认为，一下子向别人提出一个较苛刻的要求，人们一般很难接受，如果逐步提出要求，将一个大的要求或目标分解成若干较小的要求或目标，人们就比较容易接受。

登门槛效应是指当个体先接受了一个小的要求后，为保持形象的一致，他可能接受一项重大、更不合意的要求。这种现象，犹如登门槛时要一级台阶一级台阶地登，这样能更容易更顺利地登上看似不可及的高处。

这个效应是在美国社会心理学家弗里德曼与弗雷瑟于1966年做的“无压力的屈从——登门槛技术”的现场实验中提出的。

实验过程是这样的：实验者让助手到两个居民区劝人们在房前竖一块写有“小心驾驶”的大标语牌。在第一个居民区实验者向人们直接提出这个要求，结果遭到很多居民的拒绝，接受的仅为被要求者的17%。在第二个居民区，实验者先请求各居民在一份赞成安全行驶的请愿书上签字，这是很容易满足的小小要求，几乎所有的被要求者都照办了。几周后实验者再向他们提出竖牌的要求，结果接受者竟占被要求者的55%。

可见，在说服过程中，正确、适当地应用步步说服战略往往会让我们取得意想不到的效果。例如，对于推销员而言，在说服消费者购买自己的产品时，不要直接向消费者提出买商品，可以先提出试用化妆品、试穿衣服的要求，等这些要求实现之后，再提出购买要求。

很多商家都是利用人类的这一人性弱点，通过步步说服的方法，将商品销售出去。

在商场中，你看中了一件大衣。一看标价，800元，太贵了，你只好恋恋不舍地准备走开。此时精明的售货员留意到了你的眼神。

"小姐，喜欢这件衣服吗？"

"喜欢是喜欢，就是有点贵。"你惋惜地说。

"没关系啊，小姐身材这么好，不妨穿着试试。"

禁不住她的再三劝说，你还是穿上了这件衣服。衣服款式不错，而且也蛮合身，但是想到价格，你还是打算放弃。

此时的售货员极力夸赞："小姐皮肤多白啊，身材又好，我们这件衣服像是为小姐量身定做的。既然都穿上了，就别脱下来了，穿着走吧。"

最后，你还是咬咬牙把这件试穿过的衣服带回了家。

有经验的教师在做学生工作时也是这样。例如在对孩子的教育方面，如对学习有困难的学生，教师一开始不是对他们提出过高的要求，而是先提出一个只要比过去有进步的小要求，当学生达到这个要求后再通过鼓励逐步向其提出更高的要求，学生往往更容易接受并力求达到。

总体来说，步步说服策略要求我们凡事要循序渐进，不可一步登天。

小故事

甲：我特别盼望今年iphone6能出来。

乙：盼望的人多着呢！

甲：我和他们所期望的不一样。

乙：有什么不一样。

甲：iphone6一出来，我就能用上老婆替换下来的iphone5了。

乙：……

曲线救国，从侧面迂回进攻

在抗战期间，产生了“曲线救国”一词，指的就是采取直接的手段不能解决问题时，就只好采取间接的、效果慢一些的策略，借助其他力量，或者从侧面迂回牵制干扰，一点一点地争取胜利，有时候可能还要放弃一部分已经得到的东西，但大方向始终不变。生活中，有时候我们必须直来直去，然而也有时候直言不讳却不利于解决问题，我们还非得含蓄些、委婉些，采取“曲线救国”的策略，才能使表达效果更好。

在日常交谈中，经常会遇到一些不便说、不忍提或者场合不允许直说的话题，也会出现尴尬、僵持不下、难以取得进展的局面，这时候需要把“词锋”隐遁，把“棱角”磨圆，或者从另一个角度去思考，或者换个话题缓解一下紧张气氛，或者把注意力从尖锐矛盾上转移开来。这些方式能使困难的交往变得顺利起来，让对方处在较为舒坦的氛围中接受信息。

那么，“曲线救国”策略该如何应用到说服中呢?

1. 换个角度，别有洞天

俗话说：“别一条道跑到黑。”这就告诉我们，不能只从一个角度去认识事物，事物越复杂，越需要从不同角度看问题。说服者如果只知道围绕自己的观点、立场、成见展开辩论，一般很难奏效。因此，必须懂得从多种角度分析事物，一来能够保证看问题更全面，二来有利于把握他人的想法。

战国时，郑国弱小，秦晋两大国联军围郑，郑文公派烛之武和秦穆公谈判。烛之武见了秦穆公说：“我虽为郑国大夫，却是为秦国利益而来。”秦穆公听后冷笑，不予相信。

接着，烛之武剖析：“秦晋联合围郑，郑国已知必亡，然而郑在晋的东方，秦在晋的西面，两国相距千里，中间又隔晋国，如果郑国灭亡，秦能隔着吾国管辖郑国的领土吗？郑只会落于晋人之手！一旦郑国被晋所吞，晋国的力量便超过秦国，晋国强则秦国弱。替别人扩张势力的事情，恐怕不是智者所为。”

秦穆公听后连连点头称是，请烛之武坐下交谈。烛之武继续剖：“如果蒙大王恩惠，郑得以继续存在，以后若秦在东面有事，郑国将作为‘东道主’负责招待过路的秦国使者和军队，并提供军队补给。”秦穆公听后非常高兴，遂和烛之武签订盟约。

烛之武之所以最终能瓦解秦晋联军，是因为他利用了秦、晋两国势均力敌，互有威胁，且互相猜忌的局势。在劝说中，烛之武并没有直接劝说秦穆公与之立盟，而是换个角度进行说服。他先是假言郑已知自己要灭亡了，一个将要灭亡的国家已经不能构成什么威胁，使秦穆公放松警惕且造成错觉，以为烛之武真是“为秦国的利益而来”；然后逐层剖析秦晋联军对秦的利益影响，表面上是为秦国考虑，实则为郑国解燃眉之急。

换个角度说服他人，就是从侧面人手，在一些共同的立场上交流，自然而然地制造一种和谐的气氛，进而借机转入正题，展开劝导。

2. 换个话题，换个好心情

谈话中，对方不愿敞开心扉很可能是由于对话题不感兴趣。不论多么健谈的人，面对自己不关心的话题，一般也会默不作声。说服者想要打开他人的嘴巴，就要试着在谈话进展不下去的时候，寻找他人的兴趣点。无论谁都会有一些令其感兴趣的话题，可能是电影、汽车、股票、政治、八卦新闻等，只要把它们找出来，对方就会立刻改变沉默的态度。因此，与其耐着性子勉强聊不感兴趣的话题，不如快速转到令他人眼睛一亮的话题上。

如果明明感到话题无聊或者无法进展下去，那么就迅速转移话题。谈话并不是在比较谁的耐性强，而且在无聊的话题上不知疲倦地扯来扯去，是一种失礼的表现。

若你遇到以下5种情况，就要毫不迟疑地转移话题：

（1）谈话中出现冷场；

（2）对方目光转移，不再和自己对视；

（3）对方不再点头表示认同；

（4）对方频繁地看手表；

（5）对方的身体不停地抖动或晃动。

3. 瞬间转移注意力

缺少变化的语言会使场面显得呆板而沉闷，而你所说的一切也将变得枯燥乏味和苍白无力，因此你也不会受到客户的青睐。如果你有很多建议，就应选择富于变化的语言来表述，因为变化能为你的发言增加情趣。

人们在一定的语意流中所能捕捉到的信息量是有限的，这就意味着，即使他人有时间听你讲话，他也不可能把你的话完全吸收。有研究表明，听众的持续注意力只有30秒。例如有人在注视一盏灯，不出30秒，他的注意力就会转移到其他地方。这时候，只有这盏灯闪烁、跳动或发出声音，才可能重新引起他的注意。但是在灯没有任何变化的情况下，它就无法继续吸引他人的关注。

这种规律被广泛运用于广播和电视广告当中，很多广告的播出时间会限制在30秒以内，这就是“瞬间注意力原理”的应用。

因此，说服者应该懂得让自己的语言富于变化，因为变化能够打破沉闷和呆板的印象，使发言增加情趣，更容易引起倾听者的注意。

4. 以退为进

“忍一时风平浪静，退一步海阔天空。”能屈能伸才是真正的君子气度与明智。用暂时的忍耐和表面的退让换来自己想要达到的结果，这就是以退为进的真谛。

在说服过程中，以退为进就是让说服对象感觉到你是顺着他的要求、站在他的角度进行“妥协”，甚至觉得是他在说服你。但实际上，你的目标只有一个，就是双方达成一致。

在使用以退为进的说服方法时，需要掌握两项基本原则：一是全局可控原则。就是不要退到自己无法控制局面的程度，“退”只是形式上的，不是放弃自己的立场。二是真实坦率原则。表面上的退让不能转向背地里的攻击、陷害，说服者必须要以真诚的态度获取对方的信任，让对方放松警惕与防备，这样方可做到成功地说服。

采取“曲线救国”策略说服他人时，路径与目标看似相悖，但绕远有时候也是通往罗马的思维捷径。

小故事

甲：今天的雨真大啊！

乙：是啊！

甲：那是老天正在对着你流口水。

乙：……

甲：我想向你问路。

乙：去哪里？

甲：去你心里！

乙：……

甲：如果你愿意做我女朋友，我会让你成为世界上第二幸福的人。

乙：为什么不是第一呢？

甲：有了你，我就是世界上第一幸福的人。

乙：……

不是所有话，都得挑明了说

俗话说“明人不做暗事”，意思是说，光明正大的人，行为也是光明正大的，不会去做那些见不得人的事。不过，“明人”虽然不能做“暗事”，却应该在说话的时候懂得作“暗示”。也就是说，聪明的人在说话的时候，不会将所有话都挑明，而会根据情形，适当作一些暗示。懂得在与人说话的时候适当作些暗示，而不要事事都明说，也是讲究说话艺术的一种表现。

对于说话人来说，并不是所有事情都适合挑明了说出口的。而对于听话者来说，委婉的暗示，当然比“明晃晃的揭露”更易于接受。比如，当一个上司想要劝退一名员工的时候，他当然不好直接说“你去辞职吧”，而要经过一些铺垫和暗示，让员工明白上司的意图。这为上司和员工都保留了面子，也让员工接受起来相对容易一些。再如，妻子希望自己的丈夫再上进一些，若直接说“我想让你挣大钱”“你应该和谁谁一样，做个老板”，可能会让丈夫觉得妻子对自己不满，从而影响双方的感情；但若采用暗示的方法，告诉丈夫“自己感觉很幸福，但若再有一个大房子（或者其他目前没有的东西），那就会更幸福了”，这样聪明的丈夫就知道自己该更加努力工作，为自己的家庭而拼搏了。

因此，无论是在职场还是在家庭生活中，总有很多话是不能随口乱说的，而应学会采取合理暗示的方式，以取得更好的说服效果。

石磊和芳芳原本是一对快乐的情侣，但是参加工作之后，石磊发现芳芳对待工作的态度和自己差别很大。石磊是一个很负责任的人，必须要将自己的工作做好甚至完美才罢休；而芳芳则有些得过且过，经常很含糊地对待工作，还经常向石磊抱怨自己的上司太苛刻。另外，石磊追求上进，进公司两年已经连升两级，做到了主管的位子；而芳芳则心甘情愿做一个无名小卒，每天混日子等下班。石磊多次劝说无效，渐渐萌生了与芳芳分手的想法。他经过反复思考，给芳芳发了这样一条短信："跟你在一起的时光很快乐，我也希望我们能够一起走下去。但是，两个人要想一起走，就要保持一样的步调，否则迟早会走散。"芳芳也是一个聪明的女孩，面对石磊的暗示，她经过认真思考，回复道："我也觉得我们的步调越来越不协调，但是改变一个人又是一件很难的事情。我想分手也许是最好的选择。"就这样，两人和平分手了。石磊既保持了自己应有的风度，同时也将分手的主动权交给芳芳，给她留足了面子。

相对于直言不讳，暗示的方式更容易被人接受。案例中的石磊很懂得这个沟通原则，因此能够将分手处理得比较平稳。暗示在沟通当中的作用是不可小觑的。如果你希望给别人留下好印象，那么就要在一些比较隐私、敏感的话题上，学会用暗示的方式来与对方沟通。

彼特只身前往一场鸡尾酒会，看到别的人都俩俩相伴，不禁觉得有些孤单。他无聊地喝着酒，环顾着周围的人群。突然，他看到角落里站着一位十分漂亮的女士，同样形只影单。彼特一下子就被这位女士迷上了，他观察了一会儿，决定过去采取行动。可是，彼特刚刚走近这位女士，还没来得及搭话，就看到这位女士的臀部沾了一些酱汁。他想："可能是谁不小心将酱汁洒在椅子上，而这位女士没有看到就坐了上去。但是，我要不要提醒她呢？如果我当面说出来，会让她觉得丢了面子，恐怕不会再愿意与我交流；如果我不说的话，被别人发现了，她有可能被人笑话。"

彼特左思右想，决定告诉这位女士。他先是很礼貌地打了个招呼，然后赞美道："女士，您穿这条裙子真是太漂亮了，只从身后看，背影就很吸引我了。裙子后面点缀的那朵红花，也真是别出心裁，太有趣、太可爱了！"那位女士一听，回头看了看，勉强一笑，便借口去了洗手间。回来的时候，她自嘲道："谢谢你的赞美，不过那不是花，而是酱汁。我实在弄不掉，不知你能不能把外套借给我穿？"彼特心中大叫了一声"好。"立刻将自己的外套脱了下来，还将这位女士送回了家。

彼特的暗示十分巧妙，他很懂得人的心理：当人出糗的时候，被别人说出来会感觉很难堪，而自己发现后说出来，则多了几分幽默，少了一些尴尬。因为懂得暗示的好处和方法，彼特赢得了这位女士的好感。

由此可见，作点儿暗示并不是什么不磊落的事情，反而更能体现一个人的聪明和智慧，同时也能让你变成一个更令别人喜欢的人。

小故事

甲：亲爱的，你觉不觉得我的手指上应该加点什么东西啊？

乙：什么东西啊？

甲：（当然是结婚戒指了。）会发光的，很闪亮的那种。

乙：好！我立刻给你买指甲油去！

甲：……

第八章

不打无准备之仗，说服需具体问题具体分析

带上“后援团”，“集体”去说服

生活中，工作中，人际交往中，有些时候，我们会不得不通过自己的语言来说服别人。例如，父母为了孩子的前途，要说服其远离游戏，努力学习；上司为了加强管理，要说服员工遵守公司的规章制度；朋友失恋，我们要说服他多参加集体活动，从失恋的阴影中走出来……总之，说服别人，就是通过一系列的行为（主要是语言），来让对方认同自己的观点，并按照自己的主张去做事。这就决定了说服别人是沟通中比较有难度的一种，必须采取某些必要的辅助措施。

当我们准备去说服一个人的时候，对方所持的观点往往是与我们相反的，这时如果只身前去，结果很可能是打个平手，成功的希望并不大。你可以学会在自己说服对方的同时，再借别人的语言力量来增加你话语的说服力。

艾月是土生土长的北京女孩，男朋友段勇是一个室内设计师。两人刚谈恋爱时感情甜蜜，但由于段勇经常到外地出差，且一走就是几个月，艾月渐渐地在这段感情中发现了问题。她产生了强烈的不安全感，认为段勇有可能在外面和其他女生偷偷交往。尤其是有几次打电话，她都听到了段勇电话那头有女孩说话的声音。艾月思来想去，始终放不下这段感情，于是决定辞掉工作，跟随段勇，他到哪里出差，自己就到哪里临时找一份工作。艾月的妈妈十分不赞同她的想法，苦口婆心地劝了很多次，都毫无成效。虽然艾月知道段勇对感情不太专一，但她坚持认为，只要自己守在段勇身边，就能够杜绝问题的出现。

艾月的妈妈怕女儿受到伤害，只好把艾月的小姨、姑姑、表姐全叫到了自己家，轮番对艾月进行开导。几个人动之以情，晓之以理，纷纷劝艾月不要轻易放弃自己的工作，去跟随一个靠不住的人。艾月一开始还嘴硬，但几个回合下来，就渐渐对自己的想法产生了怀疑和动摇。最后，姑姑说：“男人如果是老实的，就不用刻意去看管；但如果他心中有杂念，再怎么看也看不住。看得住一时，看不住一世。难道你希望自己一辈子都在看管丈夫的日子中度过吗？何况，他愿不愿意和你结婚，那还是说不定的事呢。”接着，小姨又举了许多反面教材，对艾月晓以利害。最终，艾月虽然难过，但还是听从了大家的意见，选择了与段勇分手。

俗话说：“当局者迷，旁观者清”。艾月处在恋爱中，理智受到情感的左右，不但自己看不清个中缘由，对妈妈的劝阻也不以为然。但当她的小姨、姑姑、表姐这些“过来人”都告诉她一样的道理时，她的想法就会开始发生变化，并认真考虑自己的决定是否真的错了。这就显示出了“后援团”的重要性。很多时候，一个人说出来的话只代表个人观点：而一群人说出来的同一种话就不一样了，那就有可能是真理。

寻求“后援团”来帮助自己，也有几个小技巧可以参考：

第一，人数可以适当多几个，但不能太多。多几个人也就是多了几个帮手，能够增强说服力。但凡事都有个度，后援团也不宜人数太多，否则可能会给对方“兴师问罪”的感觉，不利于双方顺畅沟通。

第二，后援团里的人一定要保持意见一致。要想去说服别人，必须保证自己的观点正确。如果后援团的人之间还有意见上的分歧，那么就会使说服力大幅降低，难以达到说服的效果。

第三，如果可以的话，后援团里最好有几个德高望重的人。权威的影响力是不可小觑的，说服一个人，最好的做法莫过于找到权威来给自己“作证”。

小故事

甲：你最难忘的你们公司的集体活动是什么？

乙：集体加班！

甲：……

对“症”下药，根据体质施以妙手

每个人都有自己不同的体质，中医提倡在看病的时候要根据病人的体质开药方。其实，这个原则在求人办事的时候同样适用。我们知道，每个人都有自己的性情、脾气、观点，如果我们能够根据对方不同的性格，在求助的时候施一剂适宜的“药方”，那么也能够像中药于病人的病情有益一样，增加说服对方的概率。

除了常规的陈述说服之外，常见的说服“药方”有两种，一种是称赞法，一种是激将法。拿称赞法来说，日常生活中，大多数人听到别人对自己的赞美都会产生愉悦的心情，从而进入“万事好商量”的状态。因此可以说，称赞法对于大部分人都是适用的，尤其适用于那些喜欢听到别人赞美、非常重视别人对自己看法的人。所以，当我们希望得到别人的帮助时，不妨先试着称赞他一番，让对方先高兴起来。然后我们再说出相求的事情，就算不能保证对方绝对同意，也会因为对方较好的情绪而得到些许的指点或者部分的帮助。

胡楠刚进入一家公司做销售，初来乍到的她，对公司很多业务都不太熟悉，更是不懂所谓的“销售技巧”。因此几个月以来，胡楠的业绩总是最差的。虽然上级体谅自己刚来公司，并没有过多责问，但胡楠还是觉得很不好意思。她决定每天下班多留一会儿，向有经验的老员工学习、讨教一番。谁知，胡楠虽然愿意学，但愿意教的人却没有几个，一来同事们与胡楠非亲非故，二来大家都以业绩居先为荣，谁也不肯给胡楠当老师。胡楠为此郁闷了好几天。

这天，她来到一个经验很丰富的老员工面前，说道：“邱姐，听说您在咱们公司刚成立的时候就来工作了，是吗？”

邱姐说道：“是啊。你跟谁打听的？”

胡楠回答说：“这还用打听吗？我常听别人说您是咱们公司的‘元老级人物’，经验特别丰富，之前很多批新员工都是您一手培训的。我特佩服您呢！”

“哈哈哈哈，哪有他们说得那么夸张，我不过是来的时间长点儿而已。”说着，邱姐的脸已经笑成了一朵花。

“那么邱姐，您什么时候有空，能不能稍微指点我一下？您上批培训的员工来的时间也没多久，可业绩都比我好太多了！我真是羡慕不已。”

“行，那有什么问题。你想哪天学提前告诉我吧，我腾出时间来教教你！”邱姐非常爽快地同意了。

无论是高高在上的领导，还是一般人，都希望得到别人的称赞。称赞不仅是对对方的认可，更是暗示对方比很多人的能力都强。当你将对方捧上这样的高度时，你再想要说服对方就轻而易举了。

不过，需要注意的是，称赞法要用得恰如其分，不能太过头，否则会显出刻意而为的痕迹，甚至有谄媚的嫌疑。另外，这些称赞的话也不能过于直截了当，要说得自然，才更易于被别人接受。

激将法，就是利用他人的自尊心或者逆反心理，用“刺激”的方式，激起对方不服输、不屈就的情绪，将其潜能激发出来，使他更愿意帮助自己。求人办事，当其他方法都无法说服的时候，或许运用激将法就能收到奇效。

一个不知名的小歌手，为了挤进歌坛，到处求人，好不容易制作了一张专辑。但是，一来他没有钱来给自己打广告，二来发行公司也不那么重视，因此导致这张专辑在唱片行的角落里窝了很久也鲜有人来买。无奈之下，小歌手辗转找到一个人际很广的业内人士，求他给自己宣传一下。

“兄弟，听说你认识的人很多，能帮我推荐一下我的新专辑吗？”说完，就将自己的专辑双手奉上。对方面露犹豫的神色，拿过专辑捧在手上看了一会儿，迟迟没有表态。

小歌手见状，立刻说道：“我也只是听说，不知道实情到底怎么样。如果你没什么朋友的话，那也不用勉强，我找别人就可以了。”

“谁说的？我不信谁还能比我在这个行业里的朋友多。这事交给我了！”说着他一拍胸脯，把小歌手手里的几十张唱片都接了过来。

正常的道路走不通的时候，这种看似放弃的激将法，其实往往能起到“柳暗花明又一村”的效果。不过需要注意的是激将法适用的范围不如称赞法那样广泛，一般只适用于那些心直口快、争强好胜的人。因此，在运用这个方法的时候，一定要看清楚对象，以免激将不成，反而让对方觉得自己是在贬低、羞辱他。另外，即使是对合适的人使用激将法，也要把握分寸，既不能过急，话语也不能太重。否则，不但不能起到积极作用，还有可能令对方勃然大怒。

除了称赞法和激将法之外，说服的小药方还有一些，比如适当的苦肉计等。不过需要注意的是，无论运用哪一种计策，都要遵守语言适当的原则，且不能用使用欺骗等手段。另外，在使用每一种计策之前，都要先对对方的身份地位、兴趣爱好、性格特征等进行全面了解，然后再酌情使用有针对性的小药方，以免起到相反的作用。

小故事

甲：你看我穿这件衣服好看吗？

乙：任何衣服穿在你身上都好看。

甲：你看我戴这条项链好看吗？

乙：任何项链戴在你脖子上都好看。

甲：那你说，我先生好看吗？

乙：任何先生站在你身边都好看。

甲：……

抛砖引玉，认清对方是骡子还是马

谈判是场未知的较量，在谈判场上，想要说服对方，首先要知道对方的实力如何，是骡子是马，只有拉出来遛遛才能见分晓。但是，如何拉出这骡子或马呢？不妨从兵法中取取经。

兵法中有云：“诱敌之法甚多，最妙之法，不在疑似之间，而在类同，以固其惑。以旌旗金鼓诱敌者，疑似也：以老弱粮草诱敌者，则类同也。”说的就是三十六计之“抛砖引玉”——抛出砖头，引来白玉。这笔账谁都算得出来。谈判是场利益之争，要想引出对方的“白玉”，不妨自己先抛出“砖头”加以诱惑。正如钓鱼需用鱼饵一样，只有先让鱼儿尝到鱼饵的甜头，它才会乖乖上钩。

某省新华书店向某出版社订了一批教材，双方在合同中约定：30天内出版社将这批教材发给书店，书店在收到教材30天内结款。谁知，该省因不少学校暑假补课，对于教材的需求提前了半个月。书店自然不能失去这个机会，于是，赶紧联系出版社能否提前半个月发货。

其实，出版社的这些教材在签订合同的第五天，就已顺利入库了，要提前半个月给书店发货自然没有任何问题。而且，提前发货，不仅可以少占用库房，节省一笔租金，还可以提前开票，早点儿拿到货款。因此，负责该项目的出版社教材部的小李听闻这个消息后，欣喜不已。然而，极富谈判经验的小李立马认识到如果一口答应书店的要求，于己并没有任何好处，不如以此条件，让书店在这个项目上再给些优惠。

于是，精明的小李在接到书店采购经理的电话后，表示自己没有权力做主，需要请示领导，但同时他还反复表示为了书店需要，自己一定会尽力跟领导争取早日发货。对方对小李的这番心意自然感激不已。

小李趁热打铁问道："您知道，提前发货我们就需要和印刷厂沟通，请他们连夜印刷，这样势必要增加成本，我担心领导因此拒绝提早发货。所以为了增加向领导申请成功的概率，我冒昧地问一下：'如果我们能提前送货的话，你们能给予我们什么优惠呢？'"

对方的采购经理沉思片刻后表示："如果你们能提前半个月送货的话，我会再下单订1000本教材，因为学生暑期补课，提前需要教材的人数会比较多。"

小李听罢心中大喜，但仍然不动声色地表示自己要先回去请示下领导，然后尽快答复。

结果，小李仅仅以提前半月把教材从库房送到书店这块砖，就收获了对方的两块玉——不仅提前拿到了货款，同时又额外卖出去1000本教材。

可见，谈判高手小李深谙"抛砖引玉"之道，抓住了对方急需教材的心理，但他并不确定对方的着急程度以及能为此付出多少代价。于是，小李就故弄玄虚，先抛出一块砖探探对方，最终赢得玉归。其实，在谈判中的"抛砖引玉"，说白了就是吃小亏占大便宜——一方先作出小的让步，以此来诱惑对方作出较大的让步。

虽然抛砖能引玉，但并不是说所有成色的砖都能引来汉白玉。只有那些你看来是砖，但在对方眼里是玉的"砖"，才能引来你眼里的"玉"。即因谈判双方立场不同，角度各异，所以，只有当"你的让步在你看来只是'一块砖'，但是在对方眼中，你的让步却是'一块玉'"的时候，才能成功地抛砖引玉。

所以，要想取得谈判成功，在谈判桌前说服对方，就要在抛砖之前先掂量一下砖的价值是否足以引诱对方，在明确对方的需求所在后，作出相应的让步。

另外，"抛砖"是手段，"引玉"才是最终的目的。所以，在给对方让步的同时要借机提出自己的要求，让对方知道你的让步不是无偿、无价值，而是需要一定回报的。这样可以有效地避免对方过河拆桥，捡了砖却不肯抛玉。

抛砖要讲究"天时"。只有在对方最需要的时候作出让步，才能让对方对你的让步心怀感恩，才能进一步讨价还价。如果随意"抛砖"，会让对方觉得让步空间很大，以致对方得寸进尺。

另外，在行使抛砖引玉之术时要注意分寸，以防对方以你之道，还施你身。抛砖引玉的精妙之处在于双方对“砖”和“玉”的不同理解。由于谈判双方站在相对立的利益角度，所以对于“砖”和“玉”是横看成岭侧成峰。因此，当你试图抛砖引玉时，要慎防对方是否和你心有灵犀，是否也在怀着同样的心理以同样的方式向你进攻。

总之，“抛砖”只是手段，“引玉”才是目的。所以，要想认清对方是骡子还是马，在拉出来遛遛之前，一定要清楚你需要付出多少，最终能收获多少。

小故事

甲：这片地盘以后归我管了！

乙：凭什么。这里一直都是我在管。

甲：看来咱的谈判是要破裂了。真刀真枪的来吧，谁赢了谁管。

乙：好。放马过来吧！

甲：想得美。有马子我自己留着了，能放给你？

乙：……

谈判要征服对方的“王”

杜甫有诗云：“挽弓当挽强，用箭当用长。射人先射马，擒贼先擒王。”如果运用到谈判上，则是“谈需有的放矢”，要取得谈判胜利，必须先找到重点征服对象。只有在关键地方一招制敌，才能在整个谈判中势如破竹。谈判是场利益之争，双方围绕已的利益你争我战、各不相让。要想从中找到突破口，杀出一条光明之路，就要找到谈判中的重点征服对象，这样才能切中对方要害，以最快的速度、最少的精力，赢得最有利的结果。

一对年轻夫妻抱着孩子逛商场，当他们路过儿童玩具柜台时，年仅5岁的孩子被玩具柜台上那些花花绿绿、形式多样的玩具吸引住了。淘气的孩子立马挣脱妈妈的怀抱，趴在柜台前看看这个玩具，望望那个玩具，指指点点地想要去拿。售货员见此状况，立刻迎了上来，热情地跟小朋友打招呼：“小朋友，是不是想要买玩具啊？”孩子连忙点头，并试图去拿玩具。孩子的母亲赶紧过来，看了一眼那些玩具的标价，皱起了眉头，向一旁的丈夫使眼色，让他抱着孩子离开。

售货员立马意识到孩子的父母是嫌玩具价格太贵。正在这时，被抱离柜台的孩子突然“哇哇”大哭起来，一个劲儿地闹着要买玩具，任凭父母怎么劝说也无济于事。聪明的售货员马上从柜台里拿出一个进口的变形金刚，放在地上给孩子演示起来，还亲切地哄道：“宝贝乖，别哭，看阿姨给你玩变形金刚。”这招儿还真灵，刚才还在哭闹的孩子看到地上自动行走的变形金刚立刻破涕为笑。最后，孩子的父母只能给孩子买下变形金刚。

这位售货员能成功卖出玩具是因为她发现购买权在父母手里，但是这个5岁的小娃娃才是家中之“王”，设法激起“小王子”的购买欲望，那父母想要捂住口袋也不行了。这招儿可谓一举击中要害。

擒贼先擒王的关键是要准确无误地识别出对方之“王”，只有找出了“王”，才能对症下药，才能一举获胜。这就要求谈判者必须具备很强的观察力，能从对方的一言一行、一举一动中，发现“王”的踪迹，进而攻之，一举擒获。

刘洋在一家网络公司应聘网络主管时，巧妙地抓到了“贼中之王”，最终击败各位竞争对手，脱颖而出。其实，同刘洋一起参加这次面试的人中，有很多学历高、经验丰富的竞争者。甚至有好几个还有留洋背景，可谓高手如云。而刘洋只有本科学历，以前所在的几家小公司也没有太大说服力。果然，在经过第一轮笔试后，刘洋就被告知落选，不能参加下一轮的面试。刘洋看着进入复试的四个人趾高气扬、得意扬扬地大呼小叫，丝毫没有管理者应有的素质，很不服气。这时，刘洋留意到走廊的一端有一个提着水壶的老头儿正盯着他们看。刘洋发现这个老头很眼熟，想了又想，猛然记起在他们整个笔试过程中，这个可疑的老头多次进出考场，以给应聘者添水为由，在考场转了好几次。按理说，这么重要的考试，怎么会让一个老头轻易进出呢？而且，从头深邃的眼神、意味深长的表情来看，这绝对不是一个普通的服务人员。

刘洋想了一想，决定尝试一把。只见刘洋故意走到老头附近，独自叹道：“只是凭一次形式化的理论考试来筛选进入面试的名单，未免太偏颇了。这个职位需要的是有实战经验的人，而不是只会纸上谈兵的人，这么武断，怎么能找到最合适的人才呢？应该综合考察理论和实际经验才对。虽然理论方面我差了一些，但是我四年六家专业网络公司的经验，绝对比别人更有优势。”自言自语完毕，刘洋便偷偷瞄了一眼倒茶的老头儿。果然，老头儿忘了倒茶的“本分”，正在一旁若有所思地看着刘洋。在第二轮面试中，已经被淘汰出局的刘洋却偷偷加入了面试队伍。面试官一眼便瞧出了其中的端倪，严肃问道：“有不是来参加面试的人吗？”

刘洋老老实实站出来说：“尊敬的先生，我虽然在笔试中被淘汰，但我想参加面试。”

众人听完大笑，面试官也不以为意地问道：“你连笔试都过不了，有什么资格参加面试呢？”

刘洋正色解释道：“我虽然笔试成绩不如别人，但我觉得这个岗位更需要有实战经验的人。”

“那你怎么证明你比别人更适合这个职位呢？”面试官轻蔑地问道。

刘洋指着站在门口为大家倒水的老头：“这个我想可以问一下真正的面试官，他对我们的一切表现都看得一清二楚。”

听闻此言，在座的面试官和各位应聘者都大吃一惊。这时，倒茶的老头笑眯眯地走上来，拍了拍刘洋的肩膀说：“不错，我是真正的面试官。你的确比其他人更符合一个管理者的要求。你被录取了。”

其实，刘洋正是从倒茶水老头的眼神、举止中，识别出他真实的身份，进而对其发起攻势，为自己赢得了心仪的职位。

可见，只有准确识别出问题的关键所在，找到重点征服对象，才能迅速掌握谈判的主动权与控制权。

小故事

老师：今天大家写一篇文章，写人物，要突出重点。记住，一定要突出重点。

学生甲：老师，我想好了，我写我奶奶。

老师：哦？你奶奶有什么突出的重点？

学生甲：我奶奶腰椎间盘突出。

老师：……

知己知彼，说服才能百战不殆

著名哲学家培根如是说：“与人谋事，则须知其习性，以引导之；明其目的，以劝诱之；知其弱点，以威吓之；察其优势，以钳制之。与奸猾之人谋事，唯时刻不忘其所图，方能知其所言；说话宜少，且须出其最不当意之际。于一切艰难的谈判之中，不可存一蹴而就之想，唯利而图之，以待瓜熟蒂落。”培根之说与《孙子兵法》的论点可谓异曲同工，无不指出说服前摸清对手底细的重要性。说服前只有对自己和对方了解得越具体越深入，才能准备得越充分越到位，在说服中才能越有力地掌握谈判的主动权，才能更有效地达成说服目标。

南美国家智利有一家大型铜矿企业，因为遭遇重大事故而资金链断裂，不得不将事故发生前从美国、德国购买的大批“道奇”“奔驰”等重型卡车折价拍卖。一家中国企业得知了这一消息，在第一时间派出了一个精干的谈判小组前往智利。中方小组到达智利后，首先在车库一辆一辆仔细检查了这批卡车，经过详尽细致的检查后，得出了这批卡车的质量完全合格的结论。接着，中方小组开始搜集这家智利铜矿企业的经营信息，分析其企业的资金缺口和急需的资金数量，最终确定其拍卖卡车的心理价位应该在卡车出厂价的35%到45%左右。依据这些准确的信息，中方小组和智利企业进行了几轮激烈的谈判，最终以原始车价38%的价格购入了1500辆重型卡车，仅此一项，就为国家节省了数千万美元。

由此可见，知己知彼是占得谈判先机的不二法宝。当然，在谈判桌上的知彼更多带有灵活应变的因素，而在谈判前对于对方根底的探查则可以让自己在谈判中更从容。

中国一家计算机企业曾与美国某公司谈判一项设备购买订单。美商率先报价200万美元，由于中方已经事先探取情报——半年前，美商曾以108万美元将同样设备卖给日本企业。因此，听闻美商的报价中方坚决表示不同意。美商表示为了促成生意，决定再降10万美元，中方仍然不为所动。美方顿时恼羞成怒，当场表示再降5万美元，如果不能成交就取消这笔订单。中方对于美商的伎俩无动于衷，坚持要求再降。

美方恼怒之下扬长而去，中方的谈判代表则不慌不忙地表示：美商绝对不会真得取消订单，肯定还会回来继续谈判。果然不出中方所料，两天之后，美商代表主动找到中方公司的谈判代表，表示价格还可以商量。就这样，由于中方事先掌握了美商相对真实的销售价格，占据了主动权，最终迫使美商将价格降至合理价位后成交。

一般来说，了解对方谈判人员的身份地位、性格爱好，以及能力权限、谈判经验是知彼的基础，之后，不妨再深入搜集些对方谈判队伍的内部信息，比如对方谈判者之间的相互关系如何？是否存在矛盾？谁是主谈人员，他的意见倾向是什么？谈判者之间是否存在和主谈人员意见相左的观点等等。若更进一步挖掘，则可以从第三方探取对方曾经就类似项目的谈判情况、真实需求、心理预期等等，这些信息的获取对于谈判方案的准备至关重要。

那么，如何更充分地知彼、更全面地获取更多对方的信息呢？如果内部团队中有与对方熟识的人员，亲自探询自然是最省事、最直接的办法。如果没有这种便利条件，不妨运用“六度空间理论”，委托和对方熟识或打过交道的第三方，间接探询对方的信息。另外，我们还可以通过调查市场上类似项目的情况，通过比较来预测对方的信息。

当然，这些信息的获取难免存在一定的主观性或误差，需要谈判人员在实际谈判中根据现实情况随时灵活调整。聪明的谈判人员还会通过迂回的提问方式来探取对方的底牌，只有这样知己知彼，才能在立于说服的不败之地。

知己知彼后，如果能够掌握住对方的兴趣，再进行说服，就会更加事半功倍了。因为，兴趣是一个人最好的导师。一方面，它可以引导一个人对其热爱的某一领域进行深入研究；另一方面，人们可以通过分析一个人的兴趣，找出其性格特点，为己所用。在谈判中，观人所好，是识人知彼、掌握谈判主动权说服对方最好的“灵丹妙药”。

美国纽约有一家颇有名气的面包公司，旗下的面包以极好的口碑销遍几乎整个纽约。尽管如此，纽约一家大饭店却不买账。三年来，面包公司的经理换了两任，然而不管是正面进攻还是旁敲侧击，依然不能将其面包打进这家大饭店。这家大饭店的“傲慢”引起了面包公司新任经理杰克的极大好奇，更激起了杰克要把面包推销给这家饭店的决心。

杰克通过各种途径搜集了饭店经理迈克尔的资料。通过分析，发现迈克尔除了担任这家饭店的经理一职外，还是美国饭店协会的会长。而且，这位会长非常热衷协会工作，但凡协会召开的会议，无论大小，都会雷打不动地亲临会议现场。

发现了这一线索后，杰克顿时心生一计。他开始搜集有关美国饭店协会的各种资料，对之了然于心。而后，杰克寻了个合适的机会找到了迈克尔。杰克见到迈克尔后，绝口不提推销面包的事，而是与之大谈特谈美国饭店协会的各种情况，并声称自己对该协会非常感兴趣，准备加入其中，希望迈克尔多加指导。迈克尔对杰克的此次来访显然非常高兴，一改往日对面包公司人员的冷漠态度，对杰克提出的关于协会的各种问题和建议给予了详细解答，并极力邀请杰克的加入。

尽管杰克这次拜访迈克尔丝毫没有谈及面包的推销一事，然而，在拜访的第二天，大饭店的采购部门却主动打电话给杰克所在的面包公司，表示今后要大量订购这里的面包。

至此，杰克成功攻下了这座“大堡垒”，将面包公司的销售又往前推进了一步。

为什么面包公司为了向这家饭店推销面包，耗时三年、绞尽脑汁却没有卖出一个面包，而杰克凭其三寸不烂之舌，漫无边际地和饭店经理聊些和面包风马牛不相及的饭店协会的事，就轻松搞定了这个大单子？原因正在于杰克巧妙地抓住了饭店经理热衷饭店协会这一关键，并投其所好，说服了对方，最终取得了令人意想不到的成功。

在谈判中，投人所好是一种四两拨千斤的妙计。当谈判停滞不前或毫无头绪时，不妨停下来，换个角度，从对方的性格特点、兴趣爱好入手，细细研究对方的好恶，并学会爱屋及乌，从而另辟蹊径。

世界上最伟大的推销员乔·吉拉德便是熟谙投其所好这一谈判术的高手。

一位陌生的先生来到乔·吉拉德所在的汽车展厅，乔·吉拉德一看到这位

“上帝”，便惊叹“生意来了”。只见乔·吉拉德热情地朝这位先生走去，却没有像别的推销员一样滔滔不绝地介绍各种汽车，相反，半开玩笑地问对方：“先生，请让我猜猜您的职业吧！我敢保证，您绝对是一名敬业的律师。”

要知道，律师在美国是一个备受尊重的高薪职位，因此，即使猜错了，对方也明白谈话者是出于尊重才这么说的。所以，这种“抬举”式的猜测是开启话题的绝好方式。

当然，乔·吉拉德的用意可不止如此。他是要通过这种猜测来探出对方的真正身份。

果然，那位先生听到乔·吉拉德如此猜测自己，一边很高兴地说“不，不是”，一边解释自己的真实身份只是一个宰牛的屠夫。

屠夫在美国并不是一个很有地位的职业，然而，聪明的乔·吉拉德却借题发挥：“真的吗？您太棒了！我一直不明白我们吃的牛肉是怎么来的，您能给我详细介绍一下吗？如果方便的话，您能带我全程参观一下吗？”这位看车的先生听到乔·吉拉德非但没有表现出对自己职业的不屑，反而充满了真诚的崇拜。于是，便当场向乔·吉拉德介绍起自己的职业来。面对乔·吉拉德的真诚赞许和好奇询问，这位先生满是自豪地耐心解释。最后，这位先生不仅买下了乔·吉拉德推荐的汽车，还非常热情地邀请乔·吉拉德去参观屠场杀牛。

乔·吉拉德投人所好，以人之所好为沟通契机，赢得对方的共鸣，进而顺利实现自己的销售。由此可见，抓住对方的兴趣所在是谈判中一根可以往下摸瓜的“藤”。

当然，面对陌生的对手，要想准确地捕捉到对方的兴趣点也不是件轻而易举的事。在无线索的情况下，不妨从对方的外在装扮中推测其兴趣。比如，一个整天挂着单反相机的人，很可能对摄影感兴趣：一个经常耳朵塞着耳塞的人，很可能对音乐感兴趣……哪怕在“山重水复疑无路”时，一句“您的衣服在哪儿买的，真有品位”等近乎客套的话都能立竿见影地缓和气氛，令你“柳暗花明又一村”。

要知道，谈判者再理性也是人，是人就有爱好，有爱好就有谈资，抓住了共同的谈资，再要找到谈判的突破口显然就容易多了。

小故事

甲：妈妈，我换了兴趣班了。从美术转到自然科学了。

乙：你兴趣怎么转变得这么快，上个星期不还喜欢美术吗？

甲：不是我的兴趣转变得快，是舅舅的兴趣转变得快。他说自然科学的老师比美术的更漂亮。

乙：……

掌握“贪婪点”，用“好处”打开对方心门

贪婪是人的一种本性，也是人性的一个弱点。在说服中，我们可以利用对方贪婪的这一弱点，巧妙地给予对方“好处”，来诱惑对方，从而使我们达到说服的目的。

贪婪和诱惑有着密切的关系，是相辅相成存在的。贪婪往往来源于诱惑，我们给予对方的“好处”，就是我们抛向对方的诱惑。

当“好处”对对方产生了诱惑，对方贪婪的心理就会想把“好处”据为己有。我们拱手送上“好处”，这样就满足了对方的贪婪欲望，从而叩开了对方的心门。

王晓苹开了一家服装店，不久，经营上就遇到了问题。

有一天，她在同一条街上看到两家餐馆，一家生意兴旺，另一家却生意平淡。什么原因呢？于是，她走进那家生意好的餐馆一探究竟。

原来店里除了固定价格的菜品外，每天都会推出两款特价菜。这是老板对顾客的让利，也是老板抛出的“好处”，对顾客产生了诱惑。

餐馆老板的经营方式和理念对王晓苹产生了启发，于是，她就每天推出一款特价服装。售价几乎接近于进价，有时还会低于进价。这种销售方式很快产生了效果。每天的那款特价服装在当天最少也能卖出去两件，而最多时会全部售空。

当顾客们相互传播王晓苹店里每天都有特价服装的时候，来光顾的客人越来越多。有的人是为特价服装而来，但是店里的其他服装也不错，同样会吸引顾客。最后顾客走的时候，不仅买了特价服装，还选了其他的衣服。所以王晓苹的生意越来越火。

不仅如此，王晓苹为了招徕顾客，多拉回头客，还在谈妥价格后，顾客付钱的时候，总会把价钱的零头给顾客主动地抹去。

晓苹总会说："姐，我们家的衣服是品质最好的，也是品种最全的，还是很便宜的。你有空多来转转，这零头我就不要了。"

有时，有些顾客会开玩笑地说："这样一来，你不就亏多了吗？"

王晓苹笑笑说："所以呀，你就常来，多买几件，就等于帮我了。"

通过这种向顾客让利，抛"好处"的方式，王晓苹的生意越做越好。赚够了钱，王晓苹又做起了某服装品牌的代理，还开了几家分店。

王晓苹作为服装店的经营者，之所以能够成功，就是抓住了人的贪婪本性。利用人的这一弱点，抛出"好处"来，顾客自然就会多起来。能有这样的"好处"，老顾客就会带来新顾客，新顾客又会带来更多的顾客，生意自然就会好起来。

王晓苹主动抹去零头的做法，其实也是在抛出"好处"。这种方法让顾客心理上觉得占了便宜。顾客就会对王晓苹产生好感，对这个店的印象就会比较深，下次就会再来。回头客多了，那么服装店的经营相对来说就会稳定一些。

给别人"好处"的做法，看起来好像是自己吃了点亏。其实，时间长了，你所赚得的要比你送给别人的"好处"多多了。一时的让利，是为了今后更大的获利。

送给别人"好处"，也是有学问、有讲究的，要让"好处"送在明处，让对方做到心中有数。这样才能让对方觉得欠你人情，以后你若有求于他，他才会尽力而为。

人情债就是这样，就是一点一点地给对方"好处"，虽然每次看上去不多，但经过积累，对方最终欠你的就多了。日后，对方对你的报答也不会太少，这一点，在说服中非常重要。

可能一次给予对方的"好处"并不能打动对方，所以我们需要不断地给对方"好处"，一点一点地积累，慢慢就会积少成多。你给对方的"好处"足够多了，对方就会被打动，心门最终会对你开放，说服起来就更事半功倍。

对于事情的关键人物，你一定要给予对方好处。每个人都是贪婪的，用"好处"来叩开对方的心门。如果没有这份好处，你可能会损失很大。但是，这份好处一旦送出，对方一定会关照你，使你的损失降到最低。

成锦是做生意的，经常会有一些货搬来运去。当时的物流业还不像现在这么发达，而走邮局又不划算。所以成锦就托关系走客运的路线来帮自己运货。

他在客运公司有认识的人。他也给管事的人送了礼请了客，就这样他就把货物走客运的事情给敲定了。

他每次都把货物放到开往目的地的客车上，然后，等车到了自然会有人去接货。别人也可以把货通过客车发给他。这样一来，他既节省了成本，又加大了货运量。

可是后来，他发现了一个问题，每次发的货到了目的地都会少一两件。经过调查和分析，才知道是客运司机偷偷地扣下了。成锦这才恍然明白过来，光给当官的送礼了，把最关键的人物——客运车的司机——给忘记了。

于是，成锦每次发货时都要多准备出来一份留给客车司机，还会给司机准备一条好烟。成锦不仅发货的时候给客车司机好处，就连收货的时候，也不忘给客车司机留下一份。这样一来，客车司机得到了好处，自然会很关照成锦的货。自此以后，成锦的货就再也没有丢过。

在向对方送“好处”之前，要选准你所送的“好处”。这“好处”应该是对方需要的、喜欢的、对对方有诱惑力的。这样的“好处”才能更深地打动对方。

送些实用型的“好处”，日常生活中都会用到的。比如高级的笔，高级香水，高级的打火机等常用的物品。在送“好处”之前要了解对方的爱好、性格，投其所好，这样对方才比较容易接受，才可以慢慢建立起良好关系。

送些观赏型的“好处”，比如有收藏价值的物件。送之前，要了解对方是不是有收藏这方面的喜好。如果有，还需知道对方喜欢哪方面的收藏，然后再选择你所要送给对方的“好处”。

送些代币型的“好处”，比如交通卡、手机充值卡、超市购物卡。此类“好处”是很容易让对方接受的。送者方便，拿者实惠。

当对方主动向你要“好处”时，你不仅要满足他所要的，还要在明面上再多给他一些。他会更明白你的意思，更竭尽所能地为你做事。

如果对方是一位好面子的人，你所送的“好处”一定要拿得出手。否则对方会看不上，不仅办不成事，还会适得其反。

有时候，给对方一次“好处”，可能不起什么作用。但是为了达到目的，你就得多给对方几次“好处”。这样对方才能感受到你的诚意。对方才会为你所用。

利用人性的贪婪的弱点，给出对方“好处”，是达到说服目的的比较有效的方式。

小故事

官兵：你是谁？竟敢擅闯皇家园林！

才子：我是江南才子，不小心误入此处。

官兵：哦。原来是江南的才子，那口才一定了得。你给我们说一个笑话，说的好笑就放了你，但只允许你说一个字。

才子：屁！

官兵：什么？

才子：屁！

官兵：什么意思？

才子：放由你，不放也由你！

官兵：哈哈……走吧！

第九章

一击必杀，让对方绝无说『不』的时间

说服要找到软肋，开口就一招制敌

对于销售人员来说，通常我们会说针对什么样的客户、卖什么样的产品。

我们常说："好的开头就是成功的一半。"千万不要让客户对你产生警惕感，这样成功的一半就没有了，你一张口不到三分钟的时间，第一句话就决定了你的命运。什么样的产品卖给什么样的人群，所以销售员要对受众群体进行分析，抓住这些消费人群的弱点，比如有些受众比较贪便宜，而有些受众则比较喜欢高档或者是显得尊贵，甚至是给他带来方便。销售员在销售时，一定要用你的优势直击对方的弱点，这样你的成交概率就大。

一个出版社的发行人员向一家大型书店推销一种教学参考书。书店的业务经理听了推销员的介绍后，开口就要订2000套。但这个推销员并未因成交高兴得忘乎所以，他认为这本书今后销售的好坏会影响到这家出版公司以及他本人的声誉，于是，他向书店经理分析道："据了解，贵市有需要此书的学校为15所，每个学校需要此书的学生为70～80人，每期三个月的培训。因此，三个月内有1200套就可以了。这个数量既能保证贵店供书，又可避免积压，影响资金周转。"经理听后，将信将疑，但三个月后，这种参考书果然销售一空。相对其他推销员只求书店多订书，而不管书店积压与否，这个发行靠诚信赢得了客户。

此后，这个推销员享受一项特殊的待遇，只要他认为好的书，尽管发货给这家书店，书店照单全收，并且及时结算，从不拖欠。而其他发行常常面对的不是退货，就是结款不及时。

练武的人都知道人体身上的所有穴位，以至于在关键的时候击中对方要害部位，达到一招制胜的目的。这种方法也适应于推销员的推销工作。

化妆品直销员王宏敲开了一位客户的门。当她说明来意以后，客户要关门，说：“我从来不买上门推销的化妆品，你请回吧。”王宏一看这客户不好沟通，本来准备走，突然听见了从客厅传来的钢琴声，她急中生智，说：“您女儿也在学钢琴呢，刚才那一段好像弹错了一点。”

客户一听，知道王宏懂钢琴，就问：“你怎么知道她刚才弹错了？”

“我女儿也在学这一首曲子呢，我天天听，也就听出来了。现在的孩子，真是什么都要学，什么也都难学啊！”这一下子说出了那位客户的心声，马上对王宏说：“是啊，我们挣几个钱也就是为孩子挣啊，说实话，你挣这点钱也不容易啊，还得看别人的脸色。”说到这里，自己突然觉得不好意思了。

“您进屋坐，我们慢慢聊，圆圆，泡杯茶……”

……

很明显，王宏是抓住了客户女儿这一“软肋”，从孩子入手，找到了和客户之间的共同话题，产生了共鸣。这样，说服客户购买也就变得更简单了。

现实销售中，很多销售员总是发出这样的疑问：现在的客户怎么了？越来越难对付了，费尽口舌却是白费力，他们根本就无动于衷，甚至有些销售员会气急败坏，诋毁客户。

这里，首先要清楚一点，客户不是用来“对付”的，而是要诚心合作从而达到双赢的。销售员在从事销售行业前，首先就要摆正这一心态，不要认为销售就是简单的一个卖出产品，完成业务量的过程，以这样的心态进行销售工作，是无法搞清楚客户为什么对产品提不起兴趣，自己为什么卖不出产品的。

其实，客户购买产品，有时候不仅仅是为了产品本身带来的某种利益或好处，还有一些其他原因。这些原因是隐性的，需要销售员自己去挖掘，这并不是人们常常说的产品的卖点和买点，而是客户的“软肋”或者“破绽”，只要销售员找出这两点，销售也就更加快捷、简单了。有以下两种方法：

1. 避实就虚法

这一方法运用在客户对产品没有表现出很大的兴趣，即使销售员费尽口舌，客户仍然不为所动的情况下。此时，销售员应该避开销售这个敏感的话题，改而和客户聊聊其他事，比如一些家常，但这些话题必须是客户感兴趣的。

要想做到这些，就需要销售员掌握客户的一些信息。同时，还需要销售员掌握客户的心理状况。

另外，还有一种情况，那就是客户对产品感兴趣，对此，销售员也可以通过自己的专业知识来帮助客户完成购买，这也是一种避实就虚的方法。

2. 围魏救赵法

“围魏救赵”也是孙子兵法的一招。原指战国时齐军用围攻魏国的方法，迫使魏国撤回攻赵部队而使赵国得救。后指袭击敌人后方的据点以迫使进攻之敌撤退的战术。

此招用在应对客户方面，是一种通过从客户身边的人身上下工夫，来影响客户的一种方法，这是一种关系营造法。也就是说，当我们在客户身上无法达到共同意见，从而影响到成交时，可以转移一下眼光，试着在客户的家人、朋友、同事身上花心思，通过营造与这些人的良好关系来影响客户，这种方式常常被使用在公关营销上。

通常情况下，人们对家人的重视程度是比较大的，家人是能影响客户的最重要的因素。比如，我们可以给客户的孩子送礼物，给客户的妻子送化妆品，给客户的父母送保健品等。当然，具体的能影响到客户的因素还是根据客户具体的情况而定的。

以上方法只是在日常工作当中总结的一些小方法，简单实用。但是，我们不能就把眼光停留在依靠这些方法上，希望以此来取得客户的信任从而取得不错的销售成绩，这是不现实的。销售员要始终记住，客户最关心的永远还是产品能给自己带来的利益和好处。

小故事

甲：我儿子经常会弄坏家里的电器，不过幸好他爸会修理！

乙：我儿子也是，不过幸好他爸也会修理！

甲：哦？你老公也会修理电器？

乙：不！他会修理儿子！

甲：……

几句话就要切中对方的“要害”

古人曾经说过：“立片言以居要”，在想要说服对方的情况下，说话一定要直接明了，一语中的，几句话就切中要害，得到他人的认同。

在交谈中，最会说话、最能够说服对方的人往往是那些能一语中的的人。他们平时话不多，但在关键时刻，总能一鸣惊人，把话说到点子上。总之，该干脆的时候，就绝不会喋喋不休。

有一位演讲者非常喜欢演讲，他的梦想就是成为演讲大师，大家都来听他的演讲。但是事与愿违，来听他演讲的人非常少。

经历了一番波折，演讲者认为自己可能不是这块料，是自己太没出息了。在朋友的建议和鼓励下，演讲者去拜访了市里的著名演讲大师。

到大师家里之后，大师正在接待朋友，示意他先自己坐一下。

“我最近心情很不好，天天待在家里无所事事，晚上睡不着，失眠严重，你看我的黑眼圈都出来了。”朋友好像受了极大的委屈似的，说得苦不堪言。

演讲者想：“要是她来跟我说这个问题，我一定会竭尽全力地安慰她，给她讲道理，相信她肯定会接受。”

但是让演讲者大跌眼镜的是，大师只说了一句话，就把朋友打发走了。

“你家境太好、生活太安逸了，你出去找份工作，晚上肯定就不会失眠了。”大师说。

朋友一听他说得对，立刻转身告辞走了，离开时，还很高兴。

演讲者陷入了沉思。

“你找我有事吗？”大师问道，其实他听说过演讲者，他的说话方式太过累赘，几句话也说不到重点，总给人一种云里雾里的感觉。

“我想，我没有了。”演讲者终于意识到了自己的问题所在。

“会说话的人，一语就能得人心，话不在多，说明白就好。”这是大师给演讲者的忠告。

演讲者受益匪浅，回家想了很多，最后转变了自己的演说风格，成为了“会说话”的人。

有些人在说服对方的时候总喜欢把话说得很细致，很烦琐，就跟演讲者一样，让人感觉喋喋不休又没有重点，他人就会感觉反感。在说服时，这类人抓不住关键所在，常常会处于下风。

说服是门很讲究的艺术，懂说服艺术的人言语不在多，而在于是否可以一语中的。那些擅长说话的领导者，几句话就能说到别人的心坎上，一针见血。这种说话风格不仅体现了他们的智慧，还透露出了他们的个性，会赢得他人的钦佩。

在与人交谈中如果没有自己的语言风格，如果不能在关键时刻说话干脆，就不能给他人留下印象，你说的话自然也就没什么力度可言。对于他人，就好比吹过耳边的风，什么也留不下。

有些人以为，会说话懂说服的表现就是可以在人前侃侃而谈，能说会道，所以他们在交谈中就开始没完没了地大说特说，彰显自己的才华，还自我感觉良好。但在别人看来，他们只不过是听了一大堆假大空的话，没有任何实际意义。说话时要多说有分量的话，尽量避免喋喋不休。

在说服中，往往谁能把握住关键机会，谁就能取得胜利。在关键时刻，不要犹豫，也不要啰唆，简洁地说明自己的观点，一语中的，才能到主动制胜的效果。

面对关键时机，如果你不能说出重点，乱说一气，很可能就失去了契机，到时候就悔之晚矣。

直截了当，一语中的的说话方式，在必要场合还能树立威严，让大家对你刮目相看，达到一鸣惊人的效果。

看到这里，想必每个人都希望成为说话简洁而又有力度的人，首先要学会锤炼自己的语言，不要一张口就是车轱辘话，反反复复，毫无重点可言。

话不在多，而在于精，只有口才差的人才会一直喋喋不休，能说会道之人，必然是说话凝练之人。

在说服对方时，要在最短的时间内让对方听懂你的话。总之，一句话能说明白的事，就绝不说成两句。

除此之外，说话要有重点，要明确自己想表达什么，如果自己都不明白，他人怎么会懂？总之，说话要讲重点，这样才能让表达更简洁、更凝练。

一位年轻的女士，感觉总得不到他人的青睐，很苦恼，于是她就开始跟朋友诉苦。

“我也不是个坏人，为人热情，喜欢帮助人，可为什么在交际中大家都不喜欢我呢？”

这位女士又开始了，说自己这也不如意，那也不好，从东扯到西，从南说到北，家长里短都被她说出来了。

“停，行了，你别说了。我实话告诉你吧，大家不喜欢你是因为你总喜欢喋喋不休，一说起来就没完没了，我听了半天也不知道你到底想说什么。”

“我，我没有吧。”女士一听傻了眼了。

“有，以后你要管住自己的嘴，想好了再说。必要的话要简短地说，不必要的就别说了。”提完意见，朋友赶紧离开了。

说话没有重点、喋喋不休的人常常会让人厌烦；说话干脆，简洁明了，会让人觉得干练利落，赢得大家的喜爱。

要想语言一针见血，说到重点上，还要听清别人的重点，才能“四两拨千斤”。某名人说过：“在跟人交谈时，只要我们抓住关键点，把意思说到就行了。”

在交际中，通常如果你无法说动别人，就容易被对方说服，这就要求我们要抓住关键点来理论。事实证明，无法听清他人的重点是严重缺乏交际手段的表现。

“我也想用简单明了的语言跟他人交流，但有时却不明白对方的真实意图，真让人苦恼。”这是很多人的心声。

会出现这样的现象，究其原因，就是不懂抓别人话里的重点。要是能把自己的论点，集中到别人的关键点上，不需要多长时间就能把话说透，赢得他人的认可。

在交际中，说话简洁明了，能切中要害，不仅是懂说话艺术的表现，还能彰显自己的个性，赢得他人的好感。没有人会喜欢说话含糊其辞，太过拐弯抹角又喋喋不休的人。

要想成为会说话的人，要想在交际中大放光彩，能把所有人都说的心悦诚服，就必须懂得“话原来也可以很精贵”的道理。真正能说会道之人，吐出的字是“金玉良言”，绝不是毫无实际意义的大话、空话。总之，该干净利落时，一定要抓住机会，简明扼要地赢得别人的赞同。

小故事

甲：我作了首诗，你帮我评价下如何。

乙：什么诗，念来听听。

甲：一只孤鸿独自飞，飞向夕阳往西归。忧呼愁鸣复哀啼，使人惆怅使人悲！

乙：啰啰嗦嗦！

甲：你说“啰嗦”不就行了，干吗还“啰啰嗦嗦”。

乙：“啰嗦”太简单明了了，只有“啰啰嗦嗦”才能表明真正的啰嗦。

甲：……

从一开始就让对方说“是”

当你跟他人讨论的时候，不要一开始就谈论你们有分歧的事，而要先谈论你们意见一致的事。你不妨告诉对方，你们的目标是一致的，只是方法不同而已。

如果可能的话，我们要使对方在一开始的时候就说“是”，尽量防止对方说“不”。哈里·欧弗斯屈特教授写过《影响人类的行为》一书，书中说：

谈话的时候，千万不要给对方机会说“不”字。一个“不”造成的障碍将阻挡你们的讨论，导致你们的讨论无法继续下去。因为当一个人说出“不”字后，为了他自己的人格尊严，他就不得不坚持到底。虽然事后他或许会觉得自己说“不”是错误的，可是他会继续说“不”，这不是为了真理，而是为了尊严。所以，我们在与人打交道的时候，要想办法让对方一开始就作出肯定的表示。否则，你会追悔莫及。

大多数人都具有这样的心理状态，当说出“不”字后，潜意识里就会形成一个拒绝的意念，潜意识的意念会导致自己对后续的谈话仍然说“不”。反过来也是如此，当说出“是”字后，潜意识里就会形成一个肯定的、接受的意念，对后续的谈话，反应也就是“是”了。

懂得说服技巧的人，开始的时候就能得到“是”的回答。这样，他就能引导对方的心理，掌控整个谈话的局面，最终得到自己想要的结果。

艾里是一位发动机推销员，他负责的区域内有一家工厂是其潜在客户。艾里连续3年向这家公司推销发动机，这家公司最终买了几台。艾里很高兴，因为他觉得，既然有了开始，以后就会继续交往下去。不过，仅仅3个星期后就出现了麻烦，公司来电话说不再买艾里的发动机了。

艾里对自己推销的产品很了解，知道不会是发动机有故障。但是为什么对方会不满意呢？他很快赶到了那家公司。

接待艾里的是那家公司的总工程师。总工程师说："你们的发动机太热了，我把手放在上面烫死了。"

艾里愣了一下，这算什么问题呢？发动机很烫是很正常的啊，更何况是在工厂里面，工厂的室温本来就很高。可是该怎么处理呢？如果直接和对方争论，那肯定毫无益处。于是，艾里恰当地采用了让对方说"是"的技巧。

艾里说："的确，如果发动机实在太热，我也建议你不要再用了。不过，你这里应该有一种发动机，它的温度符合国家标准。对吧？"

总工程师完全同意，艾里得到了第一个"是"。

艾里又说："国家标准的规定中，发动机的温度可以高出室温72华氏度，对吧？"

总工程师回答："是的。不过你们的发动机温度可是远远高于这个。"艾里没有和他争辩发动机的温度，而是继续问道："你们工厂的室温是多少？"

总工程师想了想，说："大概是75华氏度。"

艾里说："对啊。工厂的室温是75华氏度，发动机可以高出室温72华氏度，也就是说，你的手摸到的是147华氏度的高温。如果你把手放在这么高温度的东西上面，会不会感觉很烫呢？"

总工程师想了想，说："是的。147华氏度，肯定很烫。"

艾里说："那我建议你不要把手放在发动机上，好吗？"

总工程师承认："你说得挺有道理的。"

几个月过后，那家公司又从艾里那里买了些发动机。

由此我们也可以看出，设计一连串让对方点头称是的问题是非常关键的。也就是说，我们可以通过提出引起对方兴趣和注意的问题，在说服中主导谈话的方向，从而左右说服的结果。

艾迪喜欢狩猎，不过之前他从不买弓箭设备，都是用租赁的方式。一天，他又打电话到之前他经常租赁弓箭的商店。店员告诉他，店里不再提供租赁服务了，需要的话只能购买。

艾迪只好打电话到别的店里询问。有一家接电话的是一位男士。

其实现在所有的店都不再租赁弓箭，都改为出售了。但这位男士并没有直接说，而是问："请问你以前都是租赁弓箭吗？"

艾迪回答：“是。”

男士接着问：“请问你以前租用全套设备一次得花费25～30美元吗？”

艾迪回忆了一下说：“是的，基本上就是这个价格。”

男士又问：“请问你平常是不是很节约？”

艾迪回答：“当然是，那还用说。”

男士告诉艾迪：“先生，现在基本上所有的商店都不再出租，而改为出售的方式了。我们店里正好有一套特价弓箭，包括所有的配件总共只需要32美元。建议你购买一套，这样你就不用每次都花30美元去租了，这样更划算一些。”

艾迪略一思索就答应了，放下电话就前往那家店。艾迪不但买了一套近百美元的弓箭，还购买了很多其他配件。同时，艾迪还成了该店的忠实客户。

说“是”也会上瘾？正如欧弗斯屈特所论证的那样，我们让一个人开始就做出肯定的回答，接下来他也会倾向于做出肯定的回答。这也可以说是语言的惯性。不过需要注意的是，说“不”也是会上瘾的。我们要得到对方的“是”，就要让对方习惯说“是”，这就是成功的秘诀。

那么，如何做到让他人不断对你点头称是呢？

1. 通过点出对方的可获利之处，让他人自愿认同你

凡是人们做出肯定答复的时候，都是因为看到了自己的利益。为什么有些人能够很快与他人达成合作，就是因为他们的言行总是能够从对方的需求角度出发。事实上，当人们自愿说出“是”的时候，人们只是赞同自己的利益而已。在这种情况之下，千方百计地解释自己的观点和看法，对于说服对方而言是无济于事的。所以说，能够恰如其分地为对方点出他的可获利之处，才是明智之举。

2. 重复他人说过的话，让他人感觉到你与他步调一致

有人认为重复他人的话会埋没自己的个性，丝毫不利于说服活动的进行。其实不然，这样做一方面可以让对方体会到你与他步调一致从而对你产生好感；另一方面也是为自己在进行恰当的反击之前赢得思考时间。

3. 设计诱导性提问

通过诱导性的提问可以打开对方的思路，并引导对方接受自己的观点。像前文艾迪那样，设计一系列合乎逻辑的问题，逐步引导工程师走出思维的误区，最终认同自己的观点。

对于说服者来说也如是，从一开始就让对方说“是”，而不说“不”，让对方不断地肯定你的意见，对方就会逐渐地认同你的思维模式。如此一来，你就相当于有了极大的胜算。

小故事

甲：你是不是从小就很乖？

乙：是啊！

甲：一般别人说什么你都不反驳吗？

乙：是啊！

甲：那你认我做干妈吧？哈哈。

乙：妈！

甲：……

乙：妈，我要吃奶！

甲：……

开门见山，先下“口”为强

俗话说“良好的开端是成功的一半”，这句话不仅在做事当中成立，在说服他人的时候也同样适用。

我们仔细分析一下就会发现，说服别人的困难，很大一部分来源于对方各种各样的道理和借口。

无论这些道理和借口能否成为有力的“论据”，都会或多或少阻碍我们说服别人的过程。与其让对方百般找借口拒绝接受我们的想法，不如从谈话一开始就先声夺人，断绝对方反对或者找借口的机会。

这种先下“口”为强的做法，有时能够很快结束我们的说服过程，让我们顺利地达到自己的目的。

张总在北京的传媒公司越做越大，便开始计划着在自己的家乡大连开一个分公司。可是要谁负责新公司的管理呢？要知道，大连和北京虽然不是天南海北，但要建立新公司的话，新经理是要长期驻扎在那里的。而现在公司里的人，谁能丢下自己在北京的生活圈子到一个人生地不熟的地方去给自己做管理呢？为了物色人选的事情，张总绞尽了脑汁。

这天，张总把主管王伟叫到了办公室，对他说道：“小王，你跟我这么多年，表现一直很出色，对我也一直很忠心，你这样的下属很是难得啊。所以我现在有什么困难，都必须交给你来做才放心。”

王伟还不知道张总要开分公司的事情，自然也没有想到自己将要被赋予这个“苦差事”，便回答：“张总，您说这话就太客气了。我还要感谢这些年您对我的提拔呢！”

张总立刻说道：“嗨，跟你的努力比起来，这些奖励太微不足道啦。所以我想了又想，打算提升你做我们新公司的经理。”

王伟面露喜色：“真的吗？恭喜您，我还不知道您要开分公司了呢！你对我这么看重，我一定好好努力，把您的新公司管理好！”

听到王伟这样说，张总笑了笑，缓缓说道：“小王，这在你的事业上也算是一个大的提升，我衷心地祝贺你！不过，我也想告诉你，要在事业上有大得收获，一些必要的东西就要懂得割舍。咱们的新公司不在北京，开在我的家乡大连……”

王伟一听张总的话不对，刚要开口发表意见，张总摆手制止了他，继续说道：“我知道让你离开北京牺牲很大，离开妻子和孩子更是残酷。我是这样考虑的，除了经理应得的工资之外，我再另外给你一年的工资作为安置费，你可以先在那边租一个不错的房子，将妻子和孩子都接过去。另外，大连是我的家乡，我在那里也有一些朋友，我会让他们对你多加照顾。这样，其实你的损失也只是减少和北京朋友的见面。小王你看，我已经为你想得这么周到，你可千万不要拒绝我啊。”

听到这里，王伟也不好再说出推辞的话。他回去考虑了两天之后，就决定接手大连的新公司。

先下“口”为强，在张总对这件事的处理当中体现得淋漓尽致。当然，能够如此顺利地说服王伟，除了张总为他考虑得很周到以及职位有所提升之外，跟张总是王伟的上级这个因素也是分不开的。

由此可见，这个先下“口”为强的招数，多多少少带着些“强势”的意味，更适用于权力高的人对权力较低的人使用。不过，这种“强”并不代表强迫，先下“口”为强，也需要在对方能够接受的基础之上进行，不能让对方感觉到自己的利益过多受损，否则也是难以成功的。

说服别人不一定要像辩论赛那般，两方先说出自己的观点，然后再各自论证。如果我们比较有把握，可以直接开门见山，将自己的目的说出来，然后争取对方的认同。这样的方法在气势上是比较占优势的，也常常能够较快完成说服别人的过程。

小故事

甲：听说你新买了块手表，都有啥功能？

乙：功能科全了。防水、防尘、防震……

甲：拿出来让我看看呗！

乙：可惜了，它不防盗。被小偷先下手拿去看了！

甲：……

找到双方共同点，击中内心更容易

想要说服对方的时候，人们会发现，如果被说服者发现说服者与他有共同点，那么，被说服者更愿意倾向于听取他的意见。因此，寻找并利用与对方的共同之处是说服对方的捷径，也是最有效的方式。因为这些共同之处使我们与对方有了共同话题、共同语言，因此他就会更信赖你，更愿意亲近你，更愿意被你说服。

共同之处可以帮你更容易了解对方，比别人更亲近对方。因为共同之处，对方很可能会和你成为无话不谈的朋友。这样你就会和对方有更深的交流和沟通，你们之间的距离就会慢慢地因共同之处而拉近。

杨莉是一个建筑公司的老板。最近，杨莉的公司打算参加市里的一个工程项目招标会。

通过关系，杨莉打听到负责这个项目的是市里的王局长。于是，她一次次地去办公室找王局长，然而每一次都吃了闭门羹。她很不甘心。

杨莉是信佛的，有一次去寺里上香，正好看到王局长也去寺里拜佛，并且和寺里的师父关系很熟，才知道王局长也是佛家弟子。

一次，杨莉得知刘老板把王局长请出来了，正在赶往锦江饭店的路上，便带着助理以最快的速度去了锦江饭店。

在饭店的大堂，杨莉佯装也是来吃饭的，制造了与王局长还有刘老板的偶遇。杨莉谎称没有订到位子，希望能与王局长及刘老板共进午餐，他们没有拒绝杨莉的请求。

在餐桌上，刘老板点了很多的荤菜，王局长迟迟没有动筷子。这时杨莉就开始说："刘老板真是盛情，可是王局长和我都是信佛的，初一、十五是要吃斋的。今天是十五，真是不能破戒呀。”

王局长当时很惊喜，忙问：“杨老板也是信佛的？真是缘分呀。”

杨莉很聪明地把手腕上的佛珠露出来，接着说：“家母是信佛的，受她的影响，我也是佛门弟子。”

但是，菜已经上了，饭店不允许无故退菜。杨莉机灵地说：“王局长，我知道有一家素食斋不错，我在那订了位子还没取消，要不跟我一起去吧。”

信佛的人通常都很喜欢去素食斋这样的地方吃饭。王局长当然也很乐意前往，便欣然答应了。

最后，杨莉和王局长在素食斋因为共同之处谈得很投机，关系也拉近了许多，以后杨莉的邀请，王局长都没有拒绝过。最终杨莉的公司在工程竞标中夺了标。

因为杨莉发现了自己与王局长的共同之处，并加以利用，得到了王局长的信赖，从而达到了自己的目的。

在与人交往的时候，也许你礼也到了，情也到了，但就是达不到你想要的目的。而且，比你礼重情谊深的竞争对手还有很多。

事实上，当你使用了“寻找共同之处”的交往技巧之后，你会很容易与对方拉近距离，得到对方的信赖，这种技巧会使你在交往中得到意想不到的收效。

当对方一旦看到你与他的共同之处，他就会很愿意跟你交流与相处，给你与他交往的机会，你可能会在很短的时间内就能成为他的朋友。

因为共同之处，你们在交流中会产生感情上的共鸣，这种共鸣是很深入人心的。那么你们之间这种朋友的关系就会更近一步，甚至会把你视为知己。知己之间，如果有事相求，他必然会放在心上，尽心尽力地帮助你。

或许，你不曾与对方有共同之处，所谓的共同之处是你制造出来的，这样看起来有着欺骗的性质在里面，其实不然。

当对方把你看成“自己人”的时候，为了这份情感，你应该培养自己与他的真正的共同之处。这样才不会枉费别人对你的信任和亲近。

让对方意识到你与其的共同点是自然的、是巧合的，最好不要牵强。你们之间就共同点之间的探讨是有价值的，有深度的。让对方看到你深厚的内涵与底蕴。在你们的共同之处上，让你独特的魅力和风格深深地吸引他。

找到你与对方的共同之处是交往中首先要做到的，你可以通过向对方周围的人打听对方的兴趣爱好，提前研究对方的喜好。

如果自己与对方有共同之处更好，如果没有就需要培养、等待机会，然后通过共同之处取得客户的信任与好感。

宁欣是一位售楼小姐，偶然的机会她结识了一位潜在的客户，这位客户对小型别墅很感兴趣。宁欣意识到这位客户很有钱，而且品位极高。虽然宁欣极力地向客户推荐，又留了名片给他，可是这位客户一直没有回复。

经过多方打听，宁欣得知这个客户酷爱网球。宁欣就了解了一些网球的知识，并报了网球速成班。当宁欣学得差不多的时候，给那位客户打电话告诉他“无意间发现一家环境特别好的网球场”，还透露自己的网球打得不错。

当时，并没有什么效果。后来的一个周末，客户打来电话约宁欣去打网球。因为他的球友出国了，就想起了宁欣。最终在一段时间的打网球交往中，客户主动跟宁欣签下了购买合同。

此外，你也可以多留心对方生活和工作中的一些习惯、注意聆听对方的语言，或者分析对方的性格特点，从中寻找你与他的共同之处。

你也可以通过观察对方的打扮、表情、行为举止，以判断他的生活状态、精神层面、兴趣喜好。你也可以跟他探讨一些问题，比如探讨他的品位，探讨他的人生。从精细的观察、探讨中，你就会寻找到你们的共同之处。

除了探讨品位或人生之类的话题，也可以聊一些日常生活的知识，在这方面可能更容易找到共同之处。你还可以和对方一起参加活动，户外远足，这样通过聊天、相互的接触也能找到共同点。

共同之处，可以使你与对方拉近距离，虽不保证你的目的会真正地达成，但一定会增加许多成功说服的机会。

小故事

老师：谁能说出我手上这两个鸡蛋和鸭蛋的共同点？注意，是共同点。

小明：这两个蛋都无法变成鸡或鸭。

老师：为什么呢？

小明：因为你孵不了蛋。

老师：……

捡芝麻还是抱西瓜

在人际交往中，经常会有很多人，将自己搞得手忙脚乱，最主要的原因是这些人不懂得变通，无法分清事情的轻重缓急。所以出现慌乱的情况也是毋庸置疑的。

一个从容的交际高手，一定是善于变通之人，他懂得事情的轻重缓急，并会将自己的交际安排合理。

每个人在人际交往中，都会遇到一些“西瓜”，也会遇到一些“芝麻”。每个人都会想着如何得到“西瓜”，很奇怪的是，在行动上人们往往是在捡“芝麻”。虽然向往抱“西瓜”，但是也不想失去“芝麻”。这明显是分不清交际的轻重缓急而带来的后果。

金锁是一个农民企业家。自己办了一个大型的水果加工厂，赚了很多钱。

通过乡里领导的牵线，给金锁引来了投资商。金锁穿得整整齐齐，去市里和投资商的代表谈合作的事情。

投资商的代表是个非常守时、非常讲究效率的人。投资商代表把洽谈地点定在了一家酒店的包房里，金锁高高兴兴地来赴约。到了吃午饭的时间，合作也谈得差不多了。投资商建议先吃了午饭再签合同。金锁也同意了。

菜点好了，在等待上菜的时候，金锁去了洗手间。恰巧遇到了好久不见的老同学。然后金锁被老同学拉到他们那一个包房去喝酒了。

金锁心想，合同都谈妥了，就只剩下签约了。金锁就回去跟投资商代表说了一声，让他自己先吃着，一会儿他就回来。之后就回到他老同学的包房继续喝酒。投资商代表被金锁冷落在包房里。

金锁的处世方式和行为让投资商很不满。他觉得金锁并不重视这次合作，而且非常轻视他。于是，不等金锁回来，投资商连饭也没吃，就离开了酒店。

傻乎乎的金锁最终失去了一次重要的合作机会。

因为金锁没有分清交际的轻重缓急，而最终做了件“捡了芝麻，丢了西瓜”的错事。

在人际交往中，有很多事是需要作出二选一的选择的。在选择时，一定要明确自己的目的是什么，为了达成自己的目的，就必须舍去一个选择。不懂得放弃，或者选择的不对，你就会捡了芝麻，丢了西瓜。

大多时候，我们必须得学会选择。身处人际关系的十字路口，我们必须得选择一条路而放弃另一条路，因为一双脚不可能向时踏进两条路。当“西瓜”和“芝麻”不可兼得时，我们必须得分清轻重缓急。大胆地放弃“芝麻”而选择“西瓜”。

如果两个选择你都不放弃，那么你背负的就太多，最终会因小而失大。学会放弃不重要的，选择重要的，你才能在交际中轻松自如。只有选择对了，你才能拥有良好的人际关系，有价值的人际关系。

人际交往中有所失才会有所得。要学会作出正确的选择。正确的选择是一种态度，正确的选择是一种智慧，正确的选择是一种策略。学会选择，也就是学会放弃。

人际关系中，一定要做到轻者当缓，重者当急，这样做的关键是选择。不分轻重缓急，只凭个人想法去做事，往往是欲速则不达。不仅机会失去了，可能改变的会是你的命运。

在交际中，经常会遇到这样那样的饭局。有的饭局和其他重要的饭局会约在同一个时间，在选择时，你必然是要选择去赴重要的饭局。因为你知道事情的轻重缓急，不想为了“芝麻”而丢了“西瓜”。

郑杰是一家大型企业的老板，他每天都面临各种各样的饭局，无论是官场饭局、商场饭局，还是朋友之间的请客吃饭。可以说这些交际占据了他大多数的时间，有时在同一时间要参加两个或以上的交际。

面对这样的情况郑杰总是把自己搞得一团乱，他毫无顺序地奔波于各个饭局之间。时间久了，他就感到身心疲惫，力不从心。

有一次，有两个商业交际需要参加，一个是几个同行之间相互联络感情的聚会，一个是与一个很知名的公司的董事长谈生意的酒席。这两个交际，郑杰都不想放弃。但相比之下，还是后者更重要一些。为了两者都参加都照顾到，他把这两个酒场定在了同一个酒店。

纵使有分身术，也得手忙脚乱地应付才行。可是郑杰哪可能有什么分身术呀。他一个人应付于两个酒场之间；奔走于这个包间与那个包间之间；喝完了这边的酒又接着饮那边的酒；联络了这边的感情又谈那边的生意。

后来，那个知名公司的董事长见他如此忙碌，对自己不够热情，照顾不够周到，于是就不辞而别了，最终生意没有谈成，连朋友也没有做成。而那边的酒席上的朋友也对他有意见。最终，郑杰是芝麻没捡到，西瓜也丢了。

经过朋友的启发，郑杰每天在参加交际前，都要列一张优先表。当遇到同一时间的饭局交际时，郑杰总是选择最重要的那个交际去参加，再给不参加的那个交际打去电话表示歉意。

在优先表中那些不重要的交际，郑杰就派助理去取消并当面解释。

这样，郑杰的生活不仅轻松了许多，还很好地维护了自己重要的人际关系。

人要在人际交往中学会变通。懂得变通的人在各种交际中分得清哪个更重要，哪个更紧急，从而根据事情的紧急程度把一天的时间都安排好。而那些不重要的事情就可以推掉。

如果同时有两个交际或多个交际，你就要选择最重要的那个交际，然后打电话向其他的交际解释希望得到谅解。

如果在同一个交际中遇到两个比较矛盾的事情，那么你的行为包括语言都要以重要的那件事情为重。因为那才是你这次交际的目的。

如果你无法当即作出选择，就先列一张优先表。首先对每一个交际用目标、需要、回报、满足感四原则进行估价。然后排除不必要的交际，对一些不需要亲自去的交际委托别人帮你去完成。最后，就是为你重要的交际做准备。

面对各种各样的交际，确定了交际的主次之后，还要弄清楚，你想借选择参加的交际达到什么目的，将不利于自己目的的事情都放弃。只有这样你才不致丢了“西瓜”而捡了“芝麻”。

但凡一个交际高手，他们都非常明白人际交际要分清轻重缓急的道理。按照轻重主次来安排你的交际，你的生活就不会乱了。

小故事

甲：老公，我在你的心里是什么？

乙：芝麻啊！

甲：我有这么的娇小可人吗？

乙：我说的是脂肪含量，超过了58%！

甲：……

第十章

做一个有修养的说服之王

留些面子，给要求打个折扣

心理学上有一个“留面子效应”，指的是人们在被请求的时候，拒绝了一个较大的要求后，对较小要求接受的可能性增加的现象。留面子效应之所以能够产生，主要是因为人们在拒绝别人的大要求时，感到自己没有能够帮助别人损害了自己富有同情心、乐于助人的形象，辜负了别人对自己的良好愿望，会感到一点儿内疚。这时，为了恢复在别人心目中的良好形象，获得心理平衡，便会欣然接受小一点儿的要求。在说服别人的时候，其实“留面子效应”同样适用。比如，你希望说服某人，使其达到自己的要求，那么为了提高对方被说服的可能性，可以先提出一个更大的要求，当对方回绝之后，再提出自己原本的要求，这样说服对方的可能性就会大一些。

张彤和老公陈和结婚已经一年了，两人的感情还算稳定，日子也过得挺滋润，唯一令张彤不满意的，就是陈和是个十足的游戏迷。陈和的工作相对比较规律，下班也较早，他每天一进家门的第一件事就是打开电脑玩游戏，并且常常一坐就坐到半夜。有时张彤下班稍晚，回到家中还要做饭、收拾房间，不免就会抱怨陈和。但陈和每次都像没有听见一样，继续专心致志地玩游戏。张彤觉得，自己应该和陈和约法三章了。

张彤想了很久，挑了一个合适的时机，假装很不满意地对陈和说：“你的表现实在让我很失望，如果你继续迷恋游戏，不管家事，那么我只能考虑和你分开。”

陈和看妻子一脸严肃，不禁吓了一跳，立刻说道：“别呀，我改还不行吗？”

张彤故意表现得很犹豫：“你嘴上说改，但我知道，回头我不生气了，你又会变成老样子。要想让我相信，除非你遵守我定的规矩。”

“什么规矩，你说，我一定尽力遵守！”陈和着急地问。

张彤认真地说：“你以后只能在周末玩游戏，并且每周不能超过五个小时。”

陈和一听，皱着眉头说道：“老婆，我不是不愿意遵守你的规矩，但是我也不愿意违心骗你说我能做到，你给我规定的时间也太少了。我答应你，尽量做好家里的事情之后再玩，可以吗？”

张彤听到老公主动“钻”进了自己下的套里，心里不由得暗笑，回答：“那我就退一步，你每周只能玩四次游戏，每次不能超过两小时。”

陈和软磨硬泡，将两个小时的时限争取到了两个半小时。张彤假装犹豫了很久，最终还是同意了。

果然，从那之后，陈和严格遵守自己的承诺，不仅承担了很多家务，偶尔还会在下班之后陪张彤看看电影、散散步，两个人的小日子也越来越和谐了。

张彤就很聪明地在说服老公的时候利用了“留面子效应”，这种谈判式的沟通，远远比她直接给陈和立规章制度效果要好得多。

妻子的生日快要到了，她希望今年丈夫可以买个戒指作为生日礼物送给她。

于是她就对丈夫说：“今年过生日，我想要一条白金项链，你看可以吗？”

丈夫听了有些犹豫：“白金项链，那少说也要万八千的。亲爱的，我不是不想给你买，今年咱们先买个别的，明年我的工资就涨了，明年你过生日一定送你白金项链好吗？”

妻子嘟着嘴，假装生气了一会儿，说道：“那不能买白金项链，买个黄金戒指总可以吧？小一点儿的不过才两三千，我的同事都有呢！”

丈夫犹豫了一下，还是答应了。

试想，如果妻子一开口就要黄金戒指，那么丈夫也可能会推到明年涨工资的时候再买。妻子先“狮子大开口”，接着又降低了要求，丈夫不好意思再拒绝妻子，才得以被说服。可见，想要说服别人答应自己的要求，不妨先提出个更高的要求。在对方拒绝的情况下再把自己的要求打个折，这样一来，说服对方的可能性就会增加很多。

小故事

店员：先生，这件衣服你到底买不买啊？

顾客：买的话，打折吗？

店员：买的话，可以打五折。不买的话，也可以打折。

顾客：不买的话打什么折？

店员：不买的话，把你打成骨折。

顾客：……那还是买吧。

重视对方感受，用你的眼神感化他人

古语说：“同声相应，同气相求。”相似的人彼此之间容易相处与亲近。于是，在说服中，我们应该尝试用一些方式配合对方的感受，获得对方的好感，让对方感觉我们是可以亲近与信任的。

配合别人的感受方式，是一种亲和力的表现。在说服中，良好的亲和力往往会给你带来意想不到的收获。

适时地配合别人的感受方式，可以让对方感受到你的友好，同时会让你的人缘特别好。要想获得对方的好感，配合别人的感受方式是相当重要的。

高雅是一个保险公司的推销员。有一次，高雅上门去推销保险，敲开门，迎接高雅的是一张非常冷漠的脸。

女主人不客气地对高雅说：“对不起，我现在很忙，没时间听你介绍你的产品。”

说完，女主人就要关门。这时聪明的高雅已经看到了女主人怀里抱着的孩子，孩子可能是因为感冒在不停地咳嗽。

高雅就微笑着说：“您的孩子真漂亮，一看就知道长得像妈妈。”

“那当然！”听到别人既夸自己的孩子，又夸自己。女主人非常高兴。

高雅接着关爱地问：“孩子咳得这么厉害是不是发烧了，要不要我陪你带着孩子去看医生？”

女主人听到高雅这样说，对刚才的态度感到抱歉，又对高雅的关心有些感激：“刚刚看过医生了，已经吃过药了。”

高雅很关心地说：“儿童用药一定要注意安全。有些处方药对儿童的身体也是会有伤害的。”

主人无奈地说："没办法，孩子咳得厉害总得治疗吧。医生还说如果症状没有减轻，还得打针输液呢。"

高雅惊叹道："还要输液呀？那样孩子可就受罪了。我有个化痰止咳退烧的好方子，很有效的，我回家给你找找吧。"

高雅第二次敲门的时候，女主人不但没拒绝，还热情地把高雅请进了屋里，还倒了茶水。女主人又接着跟高雅聊了起来。这一次，女主人主动向高雅了解保险的事宜，高雅建议女主人为孩子买个健康险。

因为高雅能设身处地地为女主人着想，照顾到了女主人的感受，所以女主人在不知不觉中就对高雅产生了好感，高雅无需任何过多的言语，就成功地说服了主人为为孩子办了一份平安健康险。

高雅跟对方是完全陌生的，当她聪明地发现对方的感受是在生病的孩子身上时，她就开始配合对方的感受方式，对对方表现出很恰当的关心。于是，她们就从陌生变得熟悉起来，从冷淡到热情，从态度不好到主动接受。

高雅的成功告诉我们，要想真正地达到目的，我们可以"曲线救国"。有时选择配合对方当下的情感感受，表现出真诚的认同和关切这种间接方式会更容易取得成功。

当你开始照顾对方的感受时，对方就会对你有一种认同感和信任感。你需要适时地为对方做点事情，来配合对方的感受。你的每一个动作，每一句话语都要打动对方的心。面对你的关心，没有人会将你拒之门外的。

当你与陌生人开始交往时，也许对方对你会非常冷淡。但你要以微笑来面对，并运用你的聪明才智及时地感受到对方当下的真正感受，然后将你的话语转变到对方所感受的事情上来。这样你才能与对方有共同的话题，对方才会不设防地接受你。

当你在交际中没有配合到对方的感受，那么你与对方的交流与沟通就会出现障碍。而且你只顾自己感受的行为会令对方生厌，那么你们之就无法继续交往下去，你想说服对方的目的也就达不到。

当你想要说服对方时，你一定要顾及对方的真实感受，然后作出改变或让步，把一些好处让给对方。你的礼让会让对方感激，会让他觉得与你交朋友很不错。

宋彤彤和张芸芸在同一所大学读书，是很要好的朋友。宋彤彤比张芸要长得漂亮，更有气质，所以很受男孩子的喜爱。

她们第一次去参加学校的舞会时，舞会上频频有男孩子邀请宋彤彤跳舞，在不经意间，张芸芸就显得被冷落了。

宋彤彤感觉不妥当，于是借口身体不舒服，请求邀请自己跳舞的男孩子去选择张芸芸。男孩子尊重了宋彤彤的请求，张芸芸最终也感受到了有舞伴的快乐。

宋彤彤以友情为重，不想好友被忽视。为了照顾到好友的感受，宋彤彤聪明地采用一种平衡手段，使张芸芸的心灵得到了安慰。宋彤彤这样做已经使她们之间的友谊更加深了一层。

为了维护良好的人际关系，你的言行一定要照顾到对方的感受，学会抚慰对方的心灵。不可以让对方产生不良的心理反应，这样做也会使你的内心得到安慰。

生活中，我们经常会遇到一些人喜欢夸赞自己的优点，炫耀自己的得意之处。当你在自我膨胀的时候，你不会注意到对方的感受。对方不仅不会认可你，反而会对你产生厌烦感。要想获得好感，就得照顾到对方的感受，对方的情绪，对方的心理。

怎样才能做到照顾对方的感受，拥有较强的亲和力，从而博取对方的好感呢?

当别人讲话的时候，你要以平和的心态去听。参与到谈话中时，要表现你的热情。不要以自我为中心，要顾及对方的内心感受。

你要重视交际中那些值得重视的人，在与人交往中要保持谦逊，有包容心，这种情况下，你才会比较容易注意到别人的感受。

每个人都想被认可，因此想要说服他人时，最忌讳夸夸其谈自己的得意之事。有时会忍不住要谈，但一定要注意一下谈论的方式。方式对了，就既能得到对方的认可，又能照顾到对方的感受。

你可以用微笑化解对方心中不良的感受。给别人一个微笑就是给别人一份关爱，也是给自己一份快乐，会让交际更加顺利。

你要学会用眼神与对方交流，适当的眼神交流可以增进你与对方的情感。你也可以通过眼神感受到对方的感受，并作出适当的配合，这样很容易就能赢得对方的好感、说服对方。

小故事

甲：你知道对一个人最大的尊重是什么吗？

乙：是什么？

甲：安静地听他吹牛。

乙：……

说服不是争胜负，留些面子给对方

生活中，每个人都要交际，都要跟他人搞好关系，我们不仅要懂得“理直气壮”的道理，更要明白“有理也要让三分”的智慧，凡事都要尽量给他人留足面子。只有尊重他人，才能换来别人的尊重，只有赢得他人的尊重，在说服时，才会拥有足够的权威。

每个人都有缺点，每个人都会有窘迫的时候，如果在交往中能及时为别人化解尴尬，对方必然感激在心，有朝一日，也会适时报答。

岳峰来装潢设计公司不久，由于工作能力比较突出，很得领导的赏识。岳峰做事也更加勤勉。

设计公司的老客户前来洽谈工作合作意向，主要想了解一下他们有没有新创意。这是岳峰第一次见大客户，心里非常紧张。一上午他都不停地喝水、上厕所。

下午，客户来了，还带着几个设计行业的大人物。岳峰想，一定要给大家留个好印象。

领导跟客户寒暄，岳峰还没来得及打招呼，客户从口袋里拿东西时却带出来一团用过的、皱巴巴的卫生纸。这团卫生纸立刻吸引了大家的注意力。

客户一阵冷汗，尴尬极了，他想，这下留给设计公司人员的印象一定糟糕透了。

这时岳峰立刻反应过来，装作没看见，转移话题继续跟别人聊天，成功缓解了客户的尴尬。

那次，双方交谈满意，客户提出了很多有利用价值的建议，设计公司的人都非常高兴。客户一直记着岳峰的好，记得对方给足了他面子。

一年之后，客户在他们公司升职为设计总监，岳峰却出事了。他的合作者携款私逃，大家都追着他要债。

后来，客户出面给他做了担保，才给了他一个喘息的机会。在客户和其他朋友的帮助下，岳峰顺利地渡过了难关，他非常庆幸，自己当初给别人留面子的举动，最后竟换来了如此大的回报。在以后的为人处世中，他更加注重给他人留面子。

生活中，人人都渴望得到别人的尊重，保全自己的颜面，感觉到别人的尊重，才会付诸实际行动尊重对方。

尤其在交际中，给足别人面子显得尤为重要。你可以不跟别人深交，可以不赞同别人的说话方式或做事行为，但是再反感也不能让人下不了台。你今天让对方丢掉面子，对方明天就可能让你失去利益。人际交往，重在不要树敌，给别人面子是此举的前提和保证。

面子虽然是表面的东西，但它跟实际利益是紧紧相连的。如果别人得到了你的尊重，必然会对你产生好感，会感觉大家是站在同一战线的，如此，自然会有共同利益可言。

现实中很多事实都证明，如果不能重视面子这个问题，就必然会吃大亏。面子代表了一个人的尊严，当面羞辱别人让他人下不了台，就算对方当时不发作，也必然会记恨在心。一旦有机会，很可能会做出报复举动，到时候就悔之晚矣。

相反，在实际交往中，如果我们能经常性地称赞别人让别人脸上有光，心情愉悦，很自然就会记住我们的好，在遇到相似的情况时，也会如法炮制地给我们面子。如果对方得以高升又顾及旧情，到时获得的利益就会更多。

在跟别人打交道时，经常会遇到意见不同，看法不一的情况，有的人因为一点小事就大动肝火，咄咄逼人，甚至说尽难听话，一点也不顾及别人的感受。如此言语过激，不尊重别人，就等于把话说绝，一点余地都不给自己留。

懂得给他人留面子的人，是有修养、有度量的人，不逼迫别人，就容易跟别人结怨，在交际的道路上自然会走得更顺畅。

在跟人交往时，不论什么时候都不做伤害别人颜面的事，从平时的小事做起，严格规范自己的一言一行。当别人处于下风时，不要主动进行攻击，不做奚落他人的事，哪怕自己做得再对也不可以。如果纵容自己，往往有第一次之后便会有第二次。

给别人面子还要注意一视同仁，不能因为对方是大人物就主动献殷勤，对方平凡就无视甚至奚落。在面对小人时，更要给对方面子，得罪小人，后果往往会更严重。总之，给他人面子要一碗水端平，不要厚此薄彼。

小牧在机关待的时间很长了，但就是没有升职的动静，思索许久，他决定要给领导送礼，领导跟他是大学同学，刚毕业的时候走得很近，后来关系就慢慢疏远了。

小牧带着礼物见到领导之后，领导义正词严地拒绝了，一点商量的余地都没有："你是单位的老人了，怎么能做出这样的事？以后再也不要送礼了。"

这些话让小牧很伤心，他认为领导太不顾及彼此的情分了，真是小气。

实际上，小牧不知道的是，之前上学的时候，领导上学时家里条件很不好，他总是嘲笑领导穿着寒酸，上不得台面，这让领导感觉很伤自尊。这么多年了，他一直记得小牧当初不给落魄的自己留面子的事，所以，一直很怨恨小牧，慢慢就疏远了他。

小牧得不到他人的帮助，就是因为不懂给他人留面子造成的。

不论什么场合，不论面对谁，不论自己多么意气风发，都不能做伤害人面子的事，人要脸，树要皮，伤害别人的自尊往往是要付出代价的。

聪明的人在交际时，不但不会做伤害别人面子的事，还会主动帮人解围，避免对方尴尬。当别人做错事了，要主动替对方说好话；别人陷入尴尬，要及时转变话题；别人与自己意见相悖时，可以据理力争，但不能争强好胜，损人利己。

每个人都有报恩心理，自古就有"滴水之恩当涌泉相报"的古训，你在关键时刻为别人解围，就等于施恩于他人；在遇到相似的状况时，也必然会有人为你化解危机。

总之，给他人留面子就等于给自己留后路。在交际中，我们要尊重对方，不要因为逞一时痛快就做出伤害别人颜面的事，只有如此，才就避免做出错误行为，引起不必要的争端，害人害己。

人际关系是非常复杂的，我们不要求做到左右逢源、朋友遍天下，但起码要避免树敌，从身边的小事做起，严格要求自己。不要得理不饶人，非要争出胜负，不依不饶。凡事要让人三分，给别人留面子，给自己留余地。

小故事

甲：你儿子犯了什么罪了，都被抓进公安局了？

乙：采购商品。

甲：采购商品怎么会被抓到公安局呢？

乙：嗨！他着急采购，在商店没开门的时候就等不及敲开门进去了！

甲：……

适时地退让，让彼此的关系更亲近

在交际或说服他人的时候，一味地积极进取、不留余地，并不一定会让我们取得胜利，有时只会让我们失去朋友。没有人愿意和喜欢针锋相对、万事一点亏都不吃的人当朋友。吃亏是福，必要时退一步是最好的选择。

现实中，总有人会为了一点点利益，大动干戈，一点亏都不愿吃。最后往往是两败俱伤，谁也捞不到好处。如果一方可以主动后退一步，化大事为小事，事情往往就能圆满解决。后退的一方也会得到对方的感激，何乐而不为呢？

田园是个留学生，在国外毕业后就回国找工作，但很多企业看他是“海龟”都不愿意要他，认为自己庙小留不住他。

田园一直找不到合适的工作，心情非常沮丧。后来，爸爸给他出了个主意，那就是“退一步海阔天空”。

田园经朋友介绍，进入了一家很小的公司，大家都以为他只是个普通大学的学生，谁也没太留意。

来到新公司，他负责后台程序的调试，熟悉之后，干得非常顺手。有一次，程序出了问题，好多老员工都不知道是怎么回事，忙活了一上午也没弄好。最后，田园看出了问题，把程序错误问题解决了。

组长知道后，对他刮目相看。

后来，很多领导都开始留意田园，他能解决很多非常规问题，能力特别优秀。最后，在给经理解决了难题之后，经理终于忍不住夸他：“小伙子，你太优秀了，比国内名牌大学的学生还好。”

这时，田园才告诉经理，自己是国外留学回来的，经理诧异不已。

“现在很少有‘海龟’会‘自贬价值’了，你居然愿意放低自己的身段，小伙子，心态不错。”

经理对田园以退为进的做法非常满意，认为他是个踏实能干、心态稳定的年轻人，立刻对他心生好感，很自然地就重用了他。田园的职场生涯也开始越来越精彩。

田园退让了一步，自己放低了身份，用实际行动说服了领导，让领导看出了他的能力，火速提拔。所以，有时说服他人无需用嘴。

在交际和说服中，通常越积极越能掌握主动权，越容易取得成功。但是必要的时候，我们还是要后退一步，尤其是在跟他人产生矛盾或有利益冲突时，退让就成为了大气的表现，它能让我们得到更多。

如果不懂得跟他人友好相处，不懂得迁就忍让他人，就算你再有才华和能力，也是独木难支，不会有大作为。自古以来，凡是能干大事的成功者，无一不是借助各种关系来让自己变得强大的。

有些人在跟他人交往时，一步都不肯退让，他们认为退让就是吃可，这么明白的事当然不能干。其实不然，人与人之间的关系很微妙，你走一步，他人会想走两步；你退一步，对方不仅会更加谦让，还会对你心存好感。聪明的人晓得，以退为进是拉近彼此关系的好办法，也是说服他人最有效的方式。

“忍一时风平浪静，退一步海阔天空。”这是一种必要的交际策略，也是在交际中善于变通的成熟表现。

尤其是当我们处于不利地位的时候，步步紧逼只会让对方给予更重的打击，如果能及时后退一步，主动示好，让对方感受到诚意，境况往往就会发生改变。在说服中以退为进，缓缓图之，是一种很保险的自保之术，是拉近彼此关系的有利之举。

总之，在交际说服时，不要一味相互争斗，互不退让，最好的方式是以退为进，把大事化小事，让自己处在有利的位置。等到双方关系良好之后，再主动表露，从而达到以退为进的目的。如此，最终获得收益的还是自己。

说服时要想做到以退为进，就必须有勇于妥协的意识。妥协不是缺乏勇气，也不是一种失败，很多时候是高瞻远瞩，能屈能伸的表现。敢于妥协的人，才能掌握以退为进的精髓，才能不被表面的困局所迷惑。

在交际时，不是所有人都能当朋友，在必要的时候，需要运用手段或技巧才能拉近双方关系，达到目的。主动妥协，是明智的选择。

一家家具公司马上就要上市，很多供应商都看到了这个商机，主动来谈判，希望能做长期的供应者。家具公司看竞争者非常多，就提出了很苛刻的条件，要求对方必须在两个月内做好回款工作，否则免谈，这个苛刻的条件，让很多供应商头疼不已。

其中一个供应商非常聪明，他想用妥协战术赢得跟家具公司的合作机会。于是他打电话说："你们要求的回款时间虽然紧，但我们还是想建立合作关系。我们库房有很多设计优良的样品，先发一批给你们看看吧？不需要填合同，我们相信贵公司的信誉。"

家具公司这边听了非常感动，他知道对方妥协了，这种退让让人一下子就产生了好感。在看过样品之后，家具公司同意了合作，并把回款时间做了合理调整。

不妥协，不代表你会赢；妥协了，也不一定就会输。说服也是一种博弈，只懂进，不懂退是不成熟的表现。适当地妥协能扭转困局，赢得对方的好感和信赖。

除了有妥协意识之外，还要善于观察，审时度势，在关键时刻退让，才能避免做无用功，收到良好的效果。

退让也要讲究正确时机。如果他人的需求并没有那么强烈，那你的退让也不会产生太大价值，也许只会轻触对方心弦，而无法产生实际意义。在对方最需要被理解，被忍让的时候，如果你能走好退一步的棋，必然会事半功倍，赢得对方的好感和感激。

在说服时，见好就收，懂得适可而止也是退一步的表现。在说服过程中凡事都要有度。不管你能力如何，好处不能一下占太多，那样很容易让他人心里不平衡，甚至引起他人的妒忌。

有好处时，不妨主动退一步，分一杯羹给他人，不仅能体现自己的大度，还能得到大家的感激，这是最有效的感情投资方式之一。

在说服时，一定要端正自己的态度，不要太过强势、咄咄逼人，很多时候退一步看起来是暂时吃亏了，但是吃亏是福，之后通常都会有意外的收获。不懂妥协忍让的人，是无法跟他人建立长久的良好关系的，没有好关系，说服也难以有所收获。

所以，在必要的时候，要坦然主动地选择退一步。人情是最好的投资，一些额外的付出，能让人对你心存感激。获得别人的好感，才能得到他人的帮助，才能在说服中立于不败之地。

小故事

导演：汤姆，告诉你不要抓杰瑞，你怎么就是不听啊！

汤姆：导演，猫抓老鼠是这个地球上的常识，现在都100多集了，还不让我抓住它，我已经忍无可忍了！

杰瑞：……

导演：……

说服对方前，先要懂得好好介绍自己

自我介绍是每一个处在交际中的人必须要经历的事情。有时，可能会需要频繁做自我介绍，而有时用的次数却不多。

自我介绍是日常交际中，与陌生人建立关系、展开交往的一种非常重要的手段。做好自我介绍很重要，一定要经过精心设计才好。自我介绍的好坏，直接影响你留给对方的第一印象，以及以后是否能继续交往。自我介绍在交际中起着敲门砖的作用。

张洁和杨妮都是刚毕业的大学生，同时应聘一家外资公司的董事长助理的职位。她们学的都是英语专业，学习成绩都很优秀。

人事经理看了简历以后，觉得她俩的实力难分伯仲，很是纠结，不知道如何取舍。最终，人事部经理想通过面试来做出决定。

在面试前，张洁很自信地认为以自己的能力和相貌，一定能赢得这个职位，所以没有做什么准备。她认为，面试无非就是把个人简历再简略重述一遍。

而一向谦虚谨慎的杨妮对将要来临的面试进行了一定的分析，她认为要在简短的时间内，把自己的能力展现出来是最重要的。于是她对自我介绍所需要用的语言进行了一番精心的设计和安排。

几天后，公司通知两人面试，考官让她们分别做一个自我介绍。

张洁说："我今年24岁，山东人。刚从某大学毕业，所学专业是英语。父母均是大学的教授。我爱好音乐和旅游。我性格开朗，做事一丝不苟。很希望到贵公司工作。"

杨妮介绍说："关于我的情况简历上都介绍得比较详细了。在这里我强调两点：我的英语口语不错，曾利用业余时间在涉外酒店做过专职翻译。再者，我的文笔较好，曾在报刊上发表过许多篇文章。如果允许的话，我可以拿给您看。”

最后，人事经理录用了杨妮。

当到新的单位去应聘时，求职者往往最先被问到的问题就是“请先做一下自我介绍吧”。这个问题看似简单，但求职者一定要谨慎对待，精心准备，它是你最简单、最直接地描述自己的特点，展示自我综合水平的好时机。回答得好，会留给对方一个好的印象。

自我介绍是否成功直接关系到下一步的交往，会让人在他的思想中先入为主地为你定位。自我介绍所留给对方的印象很关键。尤其在面试中，短短的几分钟，就必须用精练而富有特点的自我介绍获得对方的认可。

当你在加入新团队、认识新朋友、接见新客户等交际时，不免需要进行一次自我介绍让对方认识你，得以打开你与对方交流与沟通的通道。最简单的自我介绍无非就是向对方介绍自己的名字，但这并不足以打动对方使其与你交往。

一般人做自我介绍，平铺直叙，直白空洞，没有特点。这样的结果是，你介绍完了自己，对方却一个字也没记住，你可能还会抱怨别人记性不好。实际上，是自我介绍的内容不够吸引人，没有新意，或者给人的感觉是轻描淡写，不够真诚。

一段简短而精准的自我介绍，其实是为了展开你与对方更深入的交流与沟通而设的。所以在交际时，如何向陌生人做自我介绍，自我介绍的内容和方式是否能引人注目是让对方认识并认可的最重要的手段。

自我介绍是交际中相互认识的开端，也是求职面试的第一个并且很重要的环节。它是自我推荐的敲门砖，这块砖要是运用得好，可以打开与他人交往的门，使你获得良好关系的开端。更重要的是可以使你在交友、择业、商业合作等诸多的交际中畅通无阻。如果这块砖运用得不好，那么一切的才能都无法向他人展示。

在交际中，把握住自我介绍的时间很关键。如果你的自我介绍时间过长，会使对方失去耐心甚至产生反感。一般正确的自我介绍时间为3分钟左右。有时候仅需1分钟就足够了。因为有的人很珍惜自己的时间，只给你1分钟的自我介绍时间。

研究生毕业的杨锐很健谈，有极佳的口才。对自我介绍，他认为完全是小菜一碟。所以他从来不做准备，通常是见什么人说什么话。

有一次，杨锐跟一家大型房地产公司的总裁去洽谈业务。在去之前，杨锐没有做任何准备。他觉得凭自己的口才，自己的实力，做个自我介绍，洽谈个业务，是绝对没问题的。

见到房地产公司的总裁后，杨锐就开始东一句西一句地做自我介绍，一点儿也不简明扼要。做自我介绍的时候，他又开始大谈特谈自己对未来房地产走向的看法。他说完这一方面，又扯那一方面。虽然把自己的才学炫耀得天花乱坠，却一点也没有谈到关键的地方。

总裁为了表示尊重，很耐心地听完他严重跑题的自我介绍。最后，总裁微笑着说："这位先生，请把您的名片拿走吧。我还有别的事。"最终，杨锐失败的自我介绍，使他没有谈成这笔业务。

进行自我介绍一定要力求简洁明了，尽可能充分利用极短的时间。自我介绍也要选择在适当的时间进行。最好选择在对方有兴致、有时间、情绪好时。

自我介绍一定要紧扣主题，可以根据不同的交际场景做出侧重点的调整，但切记不要跑题、偏题。

做自我介绍时要有一个友好、亲切、自然的态度，在整体的形象上要大方自然，面带笑容，语气平和，语速平缓，语音清楚，充满自信和胆量。

自我介绍时要敢于与对方对视，要显得大方得体，从容淡定。自我介绍的内容一定要符合你的真实情况，不能有虚假的信息。

自我介绍必须精心设计、认真准备，不要轻视它的时间简短。自我介绍就是你与对方语言交流的第一印象。它会直接影响后面关系的发展。因此，一定要认真对待，多加练习模拟。还需要征求家人或朋友的意见，然后写成文字稿，这是很有必要的。

自我介绍一定要口语化，尽量不要文言化、书面化，让人听起来易理解。自我介绍一定要力求简洁、精准、简短。

自我介绍一定要有自己的特色，一定要有特别之处，要有新意，不要流于形式。要学会抓住自己的长处，清楚自己的优势与劣势，找到最恰当的定位，再进行语言的包装。好的自我介绍是对自己最完美的语言的"形象设计"。

小故事

老师：下面请马房明同学自我介绍一下。

马房明：大家好，我叫……奥巴马。哦……不，不，不，我姓马……我叫马楼明。马，是奥巴马的马，房是楼房的楼，不对不对，房是楼房的房，明是一片光明的片，全名叫马楼片……不对不对……晕！我叫什么来着?

学生：……

老师：……

小细节要比碎嘴子更能打动人心

细节决定成败。很多时候，那些微乎其微的细节往往会对事情的结果起决定性作用。人际交往或者说服中每一处细节都能体现出你能力的高低。细节同样决定着你留给对方的印象，决定着对方是否继续与你交往、保持联系或者是否愿意接受你的说服。

如果你在交谈中，把一些小的细节处理得恰到好处，那么往往会打动人心，并使对方对你的好感倍增。一个小小的细节很能反映出一个人的本性。所以，你通过对细节的注重也能成就一番大事业。

江波是公司业务部的经理。因为业务需要，出差是江波的家常便饭。每一次出差前，他都会先和合作对象联系，然后到当地会面。几个月前，外地的李经理突然决定要取消合作，江波决定找李经理再进行商谈，希望能留住这个大客户。

当江波到达李经理所在的城市时，发现李经理的手机临时停机了。江波想，可能李经理还没发现自己的手机停机。于是，江波立刻为李经理充了一百元话费，并发了一条短信，以示问候："工作别太辛苦，愿你时时都有好心情。"

收到短信后，一直没有察觉手机停机的李经理，这才发现了自己的疏忽。他立即打电话，和江波取得了联系。

江波为李经理充话费的这个小小的细节，深深地打动了李经理，没有经过商谈，李经理当即就决定继续和江波合作。

江波并没有刻意去做什么，只是看到对方停机时帮了个小忙。江波是为了尽快能和李经理联系上，节省在外地盲目等待所花费的时间和精力，才做了这件小事。

令江波意外和开心的是，正是因为这个小小的举动，竟然成功地“说服”住了李经理这个大客户。

细节，就是要着眼于细微之处。有时候，也许我们只是做了一件很小的事情，却能得到意想不到的收获。细节存在于我们普通的日常生活中，只要你注重了每一个细节，那么你就能获得更多的益处。

一些小细节往往能起到决定性的作用，甚至决定你留给别人的印象。所以，虽然交际需要伪装自己，但并不代表可以忽略细节与技巧。

不要小瞧了和别人沟通的细节。就像我们不能忽略打招呼这个简单而最基本的礼貌一样。在人的内心里有思想和情感两方面，要想开始进行交流与沟通，都得从最基本的打招呼开始。如果，你连最基本的细节都做不到，那么又怎么应付得了复杂的人际关系呢？又如何在复杂多变的事情中成功地说服对方呢？

在交往时，言谈举止往往是人的内心世界的反映，因此必须注意个人的言谈举止。你的言谈举止可能会使对方喜欢你，也可能会使对方讨厌你，从而会成为说服成败的关键。

你要时时反省、审视自己的举止言行。虽然只是一些细节，平时多加注意，才不致出错，令对方对你产生好感。

交谈中，你能否成为一个受人欢迎的人，和你是否注重交往的细节有很大的关系，不要轻视任何一个小小的动作、行为或语言，这都有可能成为对事情起关键作用的细节。那些令人反感、厌恶的小细节往往在最关键的时刻暴露你的大缺点，从而使你的形象在别人眼里受到很大的折损。因此，你必须注重语言中的细节问题。

细节有时会在于你为别人小小的付出。比如，在事情原本的基础上为别人多做一点事情，对别人做出细微的关照，这些小事可能会给你带来意想不到的收获。

杨秀是一个从农村来的女孩，没有多少文化，却有着一手缝纫的绝活。为了一家的生计，她在路边摆了个小摊，帮别人做些缝缝补补的活。

一天，一位顾客匆忙拿了一件旧衣服，交给杨秀修补。顾客只给了修补衣服的钱，杨秀把衣服缝补好后，又用电熨斗把皱巴巴的旧衣服熨平整后，才交给顾客。

杨秀帮顾客熨衣服，这一个小小的细节让顾客很感动，他说：“我只给了你修补衣服的钱，而你却又帮我熨得这么平整。真是太感谢你了！”

周围的同行都觉得杨秀傻。杨秀却不在意这些人的议论，勤勤恳恳地做着自己的活。

后来，那位顾客把杨秀介绍给了他一个开服装厂的亲戚。杨秀成了服装厂的工人。

多年后，那些嘲笑杨秀的人，仍然在街上做着缝缝补补的零活，而杨秀却已当上了服装厂的总经理。

细节体现在行动上。一句温暖的话语，一次真诚的握手，一个温馨的提示，都能帮你获得意外的收获。比如，遇人时要充满微笑，哪怕是陌生人，也不能做出一副严肃、冷峻的表情。包括与人握手，与人对话时，都要注意细节。

只有在行动上把细节做得恰到好处，才能在对方心里树立好的形象，从而打动、说服对方。

细节体现在修养上。有时候决定细节的是一个人的修养、胸怀和人格。提高自己的个人素质，提升个人魅力，树立良好的个人形象，获得别人对你的认可。

比如，对别人的错误不要当场批评，可以找个合适的时机委婉地指出；在背后坚决不说别人的坏话，等等。这些小的细节都能体现和反映的个人修养和素质。

细节体现在日常生活中的点点滴滴。例如，见过一次面后，一定要记住别人的名字。如果可能，还要对别人的兴趣爱好加以了解，还可以问一下他的生日，并暗暗记在心里。当对方过生日的时候，送上一份对方喜欢的礼物。

在各种有纪念意义的日子，发条短信问候或祝福一下，或者邮寄去你精心准备的礼物。这是你真诚地向对方表示最好祝愿的时机。把握住这些时机，也就等于抓住了生活中的小细节。

细节在于习惯的培养。注重细节习惯的养成是很有必要的。注重细节的习惯会让你在交际时有意想不到的收获。

重细节的习惯，需要你在日常生活中不断地积累和培养。如果你准备得很充分，当机会来临时，你就不会因为不注重细节而失去它。

我们都应该从珍视细节开始。生活中如此，工作中如此，交际中也如此。

在说服对方时，不要总想着用语言去征服对方，有时，细节要比犀利的碎嘴子更具有说服力。

小故事

老师：你们两个干什么去了，才到教室？

甲：我们起得早，去吃早点去了。

老师：吃早点？吃早点都把头发中间吃出两个坑来？吃早点需要一直戴着耳机吗？昨儿网吧通宵才回来吧？

乙：细节决定成败啊！

甲：……

老师：……

参考文献

［1］［美］潘塔隆.6个问题竟能说服各种人［M］.南京，江苏文艺出版社，2012.

［2］［美］吉姆·兰德尔（Jim Randel）.说服力——如何让他人改变想法[M].上海，上海交通大学出版社，2012.

［3］［美］霍根，［美］詹姆斯·斯皮克曼.说服你其实很简单：从NO到YES的心理营销战术［M］.广州，广东经济出版社，2009.

［4］［美］大卫·拜伦，丹尼克·考斯.深层说服术［M］.北京，新世界出版社，2011.

［5］［日］多湖辉.话语操纵术2——不可思议的催眠式说服技巧［M］.北京，商务印书馆国际有限公司，2013.

［6］［美］谢尔，［美］穆萨，说服力［M］.北京，中国人民大学出版社，2009.

［7］张瑞.一句话立刻说服他［M］.北京，中国言实出版社，2013.